国际金融中心发展报告

2024

《国际金融中心发展报告》编写组

中国金融出版社

责任编辑：黄海清　童祎薇
责任校对：孙　蕊
责任印制：丁淮宾

图书在版编目（CIP）数据

国际金融中心发展报告. 2024 /《国际金融中心发展报告》编写组编. —— 北京: 中国金融
出版社, 2025. 2. —— ISBN 978-7-5220-2644-2

Ⅰ. F832.751

中国国家版本馆CIP数据核字第2024NN8087号

国际金融中心发展报告. 2024
GUOJI JINRONG ZHONGXIN FAZHAN BAOGAO. 2024

出版
发行　**中国金融出版社**

社址　北京市丰台区益泽路2号
市场开发部　（010）66024766，63805472，63439533（传真）
网上书店　www.cfph.cn
　　　　　　（010）66024766，63372837（传真）
读者服务部　（010）66070833，62568380
邮编　100071
经销　新华书店
印刷　涿州市般润文化传播有限公司
尺寸　210毫米×285毫米
印张　8.25
字数　167千
版次　2025年2月第1版
印次　2025年2月第1次印刷
定价　126.00元
ISBN 978-7-5220-2644-2
如出现印装错误本社负责调换　联系电话（010）63263947

编写委员会
COMMITTEE

主　任：苏　赟　中国人民银行上海总部副主任

副主任：李　峰　上海交通大学上海高级金融学院副院长、教授

　　　　曹光群　上海金融监管局副局长

　　　　贺　玲　上海证监局纪委书记

　　　　陶昌盛　上海市委金融办副主任

（成员和执笔按姓名拼音字母排序）

成　员：蔡向辉　中国金融期货交易所副总经理

　　　　崔　嵬　中国外汇交易中心副总裁

　　　　傅　浩　上海证券交易所全球业务发展专业委员会副主任委员

　　　　葛　庆　中国人民银行上海总部宏观审慎管理部主任

　　　　郝　哲　中国银联执行副总裁

　　　　李　辉　上海期货交易所副总经理

　　　　李中红　上海票据交易所副总裁

　　　　梁　伟　中国人民银行上海总部金融服务一部副主任

　　　　饶庆文　中国人民银行上海总部外汇管理部副主任

　　　　荣艺华　中国人民银行上海总部金融市场部主任兼国际部主任

　　　　王维强　上海清算所副总经理

　　　　王长元　中国人民银行上海总部货币信贷调研部副主任

　　　　吴　弘　华东政法大学经济法学院教授

　　　　许再越　跨境银行间支付清算公司总裁

　　　　余文建　上海黄金交易所理事长

　　　　张莉英　中央国债登记结算公司上海总部副总经理

编撰单位： 中国人民银行上海总部　上海交通大学上海高级金融学院

统　稿： 赵　莹　肖立伟　吴　婷

执　笔： 柴　非　柴天仪　巢静雯　郭宇航　胡　薇　黄　宇
　　　　　贾　羽　蒋一乐　金岳成　李冀申　李江平　李旷然
　　　　　刘　婷　马隽卿　沈艳兵　孙　婧　唐　盈　唐元蕙
　　　　　佟　珺　王风华　王　彤　王　昕　吴　婷　于诗蕾
　　　　　张光源　张丽媛　张一愫　仲文娜　朱珂怡　朱小川

内容摘要

EXECUTIVE SUMMARY

2023 年，全球经济活动在去通胀的过程中表现出足够的韧性。有利的需求和供应因素支撑了主要经济体的发展，全球 GDP 增长率为 3.2%。在金融领域，全球股票市值同比增长 12.2%，主要经济体国内信贷增长情况受本国经济增速的影响有所分化，跨境权益与负债保持稳定，国际债券资产余额总量持续增长。伴随美联储进入紧缩周期，主要发达和发展中经济体的汇率对美元出现一定程度的贬值。全球通胀于 2022 年第四季度到达顶峰后开始回落，截至 2024 年 6 月，除俄罗斯外，中国、美国、英国、印度、南非和巴西的通货膨胀率均低于 5%。美元、欧元仍是全球最主要的储备货币。

2023 年，上海深入学习贯彻习近平总书记考察上海重要讲话精神和中央金融工作会议精神，紧紧围绕服务实体经济、防控金融风险、深化金融改革三项任务，加快推进国际金融中心建设。全年实现金融业增加值 8 646.86 亿元，在沪主要金融要素市场合计成交 3 373.63 万亿元，金融市场直接融资额 17.82 万亿元。

金融业发展围绕"五篇大文章"深入推进。金融中心与科创中心联动效应日益增强。《上海市建设科创金融改革试验区实施方案》《关于进一步促进上海股权投资行业高质量发展的若干措施》相继发布。全国社保基金长三角科技创新股权投资基金落户上海。开展知识产权质押贷款风险"前补偿"试点、科技企业创业责任保险试点、知识产权交易保险等工作。国际绿色金融枢纽建设取得积极进展。申建国家绿色金融改革创新试验区，开展浦东气候投融资试点，出台《上海市转型金融目录（试行）》。发布中国外汇交易中心（CFETS）共同分类目录绿色债券指数、CFETS 共同分类目录高等级绿色债券指数。普惠金融服务方式更加多元。实施新一轮中小微企业信贷奖补政策和中央财政支持普惠金融发展示范区奖补激励。深化大数据普惠金融应用。健全全市政府性融资担保体系。对养老、健康产业支持力度持续加大。推进市级保险数据支撑平台建设，支持保险机构安全合规地利用医疗、医保大数据进行产品精算研发。金融数字化转型加速推进。落地全国首单国际原油跨境数字人民币结算业务、首单大宗商品现货数字人民币清结算业务、首单服务贸易双边模式数字人民币跨境支付业务等创新场景。

根据上海交通大学上海高级金融学院智库的《上海国际金融中心建设评估报告》，上海国际金融中心建设取得令人满意的成绩，但从金融服务体系的层次和效率以及国际化程度来看，上海与纽约、伦敦等金融中心还有一定差距。金融市场层次方面，一级市场和场外衍生品市场规模有待进一步扩大；金融市场效率方面，直接融资比例需要进一步提高；金融市场国际化程度存在较大提升空间。金融机构发展不均衡，银行整体发展水平较高，无论是规模还是功能均较为领先，其他机构发展略有不足。

　　展望未来，上海在丰富金融市场层次、提高直接融资比例、提升国际化水平、完善金融机构功能的同时，更应以"五篇大文章"为抓手，深化国际金融中心建设。科技金融方面，持续推进科创金融改革试验区建设，加快发展天使投资基金、风险投资基金、私募股权投资基金等，加强对长期资本和耐心资本的吸引和培育。绿色金融方面，完善绿色金融产品体系，推动绿色标准建设。普惠金融方面，深化大数据普惠金融应用，更好地服务中小微企业和民营企业发展。养老金融方面，丰富养老金融产品，引导金融机构加大对健康产业、养老产业、银发经济的布局。数字金融方面，深化金融数字化转型，有序推进数字人民币试点，加快建设具有全球竞争力的金融科技中心。

关键数据表

Summary Tables

表 1　国际金融中心排名

全球金融中心指数（GFCI）排名					
城市	35 期	34 期	33 期	32 期	31 期
上海	6	7	7	6	4
纽约	1	1	1	1	1
伦敦	2	2	2	2	2
东京	19	20	21	16	9
新加坡	3	3	3	3	6
新华国际金融中心发展指数 [①]					
城市	2023 年	2022 年	2021 年	2020 年	2018 年
上海	3	3	3	3	5
纽约	1	1	1	1	2
伦敦	2	2	2	2	1
东京	6	5	6	6	3
新加坡	5	6	5	5	6

表 2　上海、纽约、伦敦三大金融中心金融市场指标对比

指标	上海	纽约	伦敦
市场规模（国家层面数据）			
股票市值 / 万亿美元	10.95	48.97	4.50
债券存量规模 / 十亿美元	22 914	55 299	5 841
商品期货交易量 / 百万张	7 270.80	967.36	653.35
股指期货交易量 / 百万张	69.28	1 426.85	30.53
外汇市场日均交易额 * / 十亿美元	153	1 912	3 755
场外利率衍生品日均交易量 * / 十亿美元	13	1 689	2 626
PE/VC 总资产 / 万亿元人民币	14.33	55.39	2.10*
市场功能（国家层面数据）			
股票市值 /GDP/%	61.69	179.01	129.63
公司债 /GDP/%	25.46	27.32	11.35
资产支持证券存量 /GDP/%	2.71	59.13*	7.24
市场国际化程度（国家层面数据）			
国际直接投资资产 /GDP/%	16.52	38.77	76.02
国际直接投资负债 /GDP/%	19.97	54.12	103.04
国际证券投资资产 /GDP/%	6.17	56.04	122.80
国际证券投资负债 /GDP/%	9.56	104.59	130.34

注：* 为 2022 年数据，其余为 2023 年数据。

[①] 由于数据原因，2019 年新华国际金融中心发展指数暂停更新。

表 3   上海、纽约、伦敦三大金融中心金融机构指标对比

指标	上海	纽约	伦敦
机构规模			
银行总资产 / 万亿元	24.9	25.9	27.7
证券公司营业收入 / 万亿元	0.13	1.31	n.a.
保费收入 / 万亿元	0.24	0.97	0.46
机构功能与效率			
银行不良贷款率 /%	0.95	0.97	0.97
银行人均利润 / 万元 / 人	135.9	265.4	95.3*
证券公司人均利润 / 万元 / 人	36.2	94.1	n.a.
保险深度 /%	5.2	11.9	9.7
机构国际化程度			
外资银行资产占比	<10%	69%	>50%

注：*为 2022 年数据，其余为 2023 年数据。

表 4   上海国际金融中心建设现状与上海国际金融中心建设"十四五"规划指标对比

指标类别	指标	2025 年目标	2023 年实际
金融市场规模	金融市场交易总额	2 800 万亿元左右	3 373.6 万亿元
直接融资功能	上海金融市场直接融资规模	26 万亿元左右	17.82 万亿元
金融开放程度	境外投资者在上海债券市场持有债券余额比重	5% 左右	2.4%
	熊猫债累计发行规模	7 000 亿元左右	7 296.9 亿元 [1]

---

① 熊猫债发行仅考虑银行间市场和上交所发行量。

目　录
CONTENTS

第一章
全球经济金融发展概况

2023 年，全球经济活动在去通胀的过程中表现出足够的韧性。面临紧缩的货币政策，有利的需求和供应因素支撑了主要经济体的增长，全球 GDP 增长率为 3.2%。2023 年，全球股票市值同比增长 12.2%；主要经济体国内信贷增长情况受本国经济增速的影响有所分化；跨境权益与负债保持稳定；国际债券资产余额总量持续增长。从主要货币汇率走势来看，伴随美联储进入紧缩周期，主要发达和发展中经济体的汇率对美元出现一定程度的贬值。全球通胀于 2022 年第四季度到达顶峰后开始回落，截至 2024 年 6 月，除俄罗斯外，中国、美国、英国、印度、南非和巴西的通货膨胀率均低于 5%。美元、欧元仍是全球最主要的储备货币。

一、全球经济增长格局

（一）2023 年经济增长情况

2023 年，全球经济活动在去通胀的过程中表现出足够的韧性，GDP 增长率为 3.2%。其中，新兴市场和发展中经济体的经济增长率达到 4.3%，超过发达经济体的 1.6%。俄罗斯经济逐渐从俄乌冲突中恢复，增长率从上年的 −2.1% 增长至 3.6%。印度经济高速增长，增长率达 7.8%，成为世界经济的突出亮点（见表 1−1）。

表 1−1 全球及主要经济体经济增长率

单位：%

地区	增长率		IMF 预测		世界银行预测		联合国预测	
	2022 年	2023 年	2024 年	2025 年	2024 年	2025 年	2024 年	2025 年
全球	3.5	3.2	3.2	3.2	2.6	2.7	2.7	2.8
发达经济体	2.7	1.6	1.7	1.8	1.5	1.7	1.6	1.6
新兴市场和发展中经济体	4.0	4.3	4.2	4.2	4.0	4.0	4.1	4.3
美国	2.1	2.5	2.7	1.9	2.5	1.8	2.3	1.7
欧元区	3.5	0.4	0.8	1.5	0.7	1.4	0.8	1.4
日本	1.0	1.9	0.9	1.0	0.7	1.0	1.2	1.1
英国	4.1	0.1	0.5	1.5	—	—	0.8	1.5
中国	3.0	5.2	4.6	4.1	4.8	4.1	4.8	4.5
印度	7.2	7.8	6.8	6.5	6.6	6.7	6.9	6.6
俄罗斯	−2.1	3.6	3.2	1.8	2.9	1.4	2.7	1.5
巴西	2.9	2.9	2.2	2.1	2.0	2.2	2.1	2.4
南非	1.9	0.6	0.9	1.2	1.2	1.3	—	—

资料来源：IMF，*The World Economic Outlook*，July 2024；World Bank，*The Global Economic Prospects*，2024；United Nations，*The World Economic Situation and Prospects*，mid-2024。

2023 年，全球经济呈现以下特征[①]。一是全球经济体增长出现分化。得益于需求端和供给端的改善，美国和主要新兴市场的经济增长比预期更强劲。在需求端，私人和政府部门的支出促进了经济增长，实际可支配收入的增长和疫情期间储蓄的积累对消费形成支持。在供给端，劳动力市场紧张得到缓和，劳动参与率普遍提升；疫情期间的供应链冲击得到恢复，交货时间持续缩短。欧元区的增长势头普遍较弱，负面效应主要源自消费者信心疲软、高能源价格的持续影响以及对利率敏感的制造业和商业投资的疲软。由于高企的借贷成本（利息支付成本为政府收入的 13%，约为 15 年前的 2 倍）挤压了必要的投资，低收入经济体较新冠疫情前（2017—2019 年）的增长路径出现大量产出损失。

二是去通胀效果强于预期。在全球供应情况改善的背景下，通胀下降速度快于预期。一方面，美国等非石油输出国组织（OPEC）国家增加石油和天然气供给，能源价格冲击逐渐消退。另一方面，移民流入等因素带来劳动力供应的增加，市场职位空缺数减少，劳动力市场的紧张状况有所缓解。工资增长保持在可控范围内，未形成价格和工资之间的螺旋式上涨。在以上因素的影响下，2023 年底，主要经济体的总体通胀率接近新冠疫情前水平。

三是劳动力市场复苏不均。2023 年，许多经济体的失业率已低于新冠大流行前的水平，但劳动力市场的复苏并不均衡。美国和部分欧洲经济体的失业率接近历史最低水平。在新兴市场和发展中经济体中，巴西、中国的失业率有所下降，但多数国家仍面临高失业率，尤其是西亚和非洲国家。在大多数经济体中，工资增长未能抵消通货膨胀的影响，增加了生活成本。此外，发展中国家的劳动力市场继续面临非正规就业、性别差异和高青年失业率等长期挑战。

四是高借贷成本对经济增长形成挑战。为降低通胀，全球主要央行将政策利率提高到限制性水平。贷款成本的上升导致企业债务融资面临挑战、信贷环境紧缩以及商业和住宅投资疲软。此外，发达国家的紧缩政策对发展中国家产生溢出效应。2023 年，许多发展中国家面临高借贷成本、国际资本市场准入受限和汇率贬值的问题，对债务的可持续性提出挑战。最不发达国家经历了官方发展援助的下降，加剧了融资紧缩。如果官方发展援助进一步减少，这些国家近几十年来取得的发展成果有可能逆转。

（二）2023 年宏观政策回顾[②]

1. 货币政策

由于美联储和欧洲央行的紧缩立场，全球层面的货币政策在 2023 年总体保持紧缩。得益于能源成本的下降，发达经济体的总体通货膨胀率下降，但核心通货膨胀率仍高于中央银行 2% 的目标。此外，劳动力市场表现强劲，在货币紧缩持续一年半之后，美国和欧盟的失业率仍然接近多年来的最低水平，而名义工资的上升预示更持久的通货膨胀压力。这使得美联储、欧洲央行和其他主要发达国家的中央银行不愿结束紧缩周期。

除提高利率外，主要发达国家的中央银

---

① IMF，*The World Economic Outlook*，Jan 2024；IMF，*The World Economic Outlook*，April 2024；*The World Economic Situation and Prospects*，2024.

② IMF，*The World Economic Outlook*，Jan 2024；*The World Economic Situation and Prospects*，2024.

行（日本除外）从 2022 年开启量化紧缩进程，并在 2023 年加快步伐。量化紧缩政策对金融稳定造成一定影响。2023 年 3 月美国银行业的动荡迫使美联储重新思考和调整量化紧缩政策的实施策略。虽然量化紧缩政策导致金融条件收紧，但对长期债券收益率的影响并不明显，因为量化紧缩政策的实施比量化宽松更为渐进，后者通常会相对迅速地推出以避免金融危机。

在经历了 2022 年和 2023 年初的快速和同步紧缩后，各央行的政策利率决策开始分化。部分国家自 2023 年下半年开始降低利率，如巴西和智利。日本央行则继续将短期利率保持在接近零的水平。截至 2023 年 10 月底，全球 130 个央行中已有 28 个降低了政策利率。

2. 财政政策

在利率上升和流动性收紧的环境下，财政政策的空间正在缩小，尤其是发展中国家。然而，为了刺激需求和促进增长，大多数经济体在 2023 年依旧采取宽松的财政政策，导致公共债务削减速度放缓，财政赤字居高不下。由于社会支出和债务成本的增加，美国财政赤字从 2022 年的 3.7% 扩大到 2023 年的 8.2%。短期内，由于在基础设施、创新和能源转型方面的大量投资，美国财政赤字将保持高位。为应对新冠疫情冲击，欧盟《稳定与增长公约》中的财政规则[①]于 2020 年暂停施行。2023 年，欧盟未能就改革财政规则达成协议，财政支出仍然居高不下。日本政府支持性的财政政策持续发挥作用，财政政策被用于优先改善生产能力、提高公共部门工资以及缓解不断上升的生活成本。

在全球范围内，由于财政赤字高于新冠疫情前水平，且债务成本更高，基于可信中期计划的财政整顿是恢复预算操作空间的必要措施，调整步伐应根据各国具体情况而定。对处于高风险债务困境的国家，有序的债务重组是必要的。通过二十国集团共同框架和全球主权债务圆桌会议，提高债务解决的协调效率，将有助于抑制债务困境的扩散。

3. 产业政策

2020 年以来，全球经济冲击不断，在货币政策和财政政策空间受限的背景下，大多数经济体通过产业政策解决市场失灵问题。新冠疫情大流行和俄乌冲突暴露了全球供应链的脆弱性，部分经济体开始将国家安全问题优先于效率考量；地缘政治促使美国、中国和欧盟扩大创新，以增强竞争优势；提升生产力的研发投资已成为多数经济体的政策优先事项；面临气候危机的升级，各经济体通过强有力的产业政策加速绿色能源转型。

在美国，联邦政府已承诺投入巨额资金，以加强创新、促进国内生产和绿色转型。这些政策目标得到了立法的支持，包括《通胀削减法案》（4 400 亿美元）、《芯片与科学法案》（2 800 亿美元）和《基础设施投资和就业法》（5 500 亿美元）。欧盟正在推进"地平线欧洲"计划，这是一项为期 7 年、预算为 950 亿欧元的创新计划，重点支持技术创新、研发投资以及绿色和数字化转型。受财政约束影响，大多数发展中国家的产业政策规模和范围有限。

4. 国际合作

当前世界仍受到各种负面冲击，包括快

[①] 按照《稳定与增长公约》，欧盟成员国年度财政赤字不得超过其国内生产总值（GDP）的 3%，公共债务不得超过 GDP 的 60%。

速演变的气候危机和不断升级的地缘政治冲突，实现全球可持续发展需要加强国际合作。

一是重振多边贸易体系。地缘政治冲突使世界贸易组织（WTO）主持下的多边贸易体系面临重大压力。2019 年至 2022 年，全球贸易壁垒几乎增加了 3 倍，并在 2023 年保持高位。发展中国家呼吁"贸易规则应促进工业化并应对新兴挑战，如气候变化、生产集中和数字工业化"。《渔业补贴协定》是 WTO 第一份旨在实现环境可持续发展目标的协定，于 2022 年 6 月 WTO 第 12 届部长级会议（MC12）上达成，将在超过三分之二（164 个）的 WTO 成员接受后正式生效。截至 2023 年 12 月，有 52 个成员接受了该协定。能源转型对国际贸易架构提出另一个挑战。全球各方单方面实施的应对气候变化的补贴可能对国际贸易造成重大风险，并可能在最需要绿色技术的时候使其成本上升。在 2023 年 12 月于迪拜举行的《联合国气候变化框架公约》第 28 次缔约方大会（COP28）上，WTO 发布《气候行动贸易政策工具》，建议采取如削减化石燃料补贴、降低可再生能源设备关税以及协调气候相关税收等措施。

二是应对国际债务挑战。COVID-19 大流行之后，全球主权债务显著增长，发展中国家的债务积累速度远快于发达国家。债务减免和重组措施对于恢复公共债务的可持续性并创造财政政策空间至关重要。在众多的债务重组方案中，将债务减免等优惠与特定发展目标相挂钩的方式逐渐兴起，具有代表性的债务自然互换机制（Debt for Nature Swap，DNS）已在全球范围内广泛应用。该机制对债务国的部分未偿债务进行重组，以换取债务国政府以不同形式保护自然环境的承诺。该互换机制不但提升了债务国的财政政策空间，更推动了其在可持续发展目标上的投资。此外，债务重组谈判中的碎片化问题，尤其是公共和私人债权人之间的协调，成为有效和公平解决债务问题的主要障碍。为此，二十国集团（G20）提出"G20 债务处置共同框架"，并取得一定成效。2023 年 2 月成立的全球主权债务圆桌会议意在促进对重组程序和原则形成更大共识，以推动更及时和可预测的债务重组。未来应在此基础上，提高共同框架条件之外的债权人的协调效率。

三是增加发展中国家的气候融资规模。国际可再生能源机构（IRENA）和气候政策中心（CPI）预计，到 2050 年，为缓解气候变化影响，各国需要在能源转型技术和基础设施方面投资 150 万亿美元。发展中国家大多缺乏相应的资源、技术和能力，国际合作对降低其气候变化风险至关重要。2023 年 11 月，《联合国气候变化框架公约》第 28 次缔约方大会（COP28）正式批准了"损失与损害"基金协议。该协议将促使发达国家向受气候变化影响最严重的发展中国家提供财政支持。多边开发银行也积极为发展中国家提供气候融资。2022 年，多边开发银行提供了近 1 000 亿美元用于气候行动，其中 610 亿美元流向了低收入和中等收入国家。此外，债务气候互换和债务自然互换为受气候变化影响最严重的小岛屿发展中国家（SIDS）提供了特别机会。相关协议已在塞舌尔（2017 年）、伯利兹（2021 年）、巴巴多斯（2022 年）和厄瓜多尔（2023 年）等地达成。

专栏 1　日本货币政策前景[①]

2023 年日本央行迎来了新一任行长植田和男，但其宽松货币政策立场依然没有变；经过 7 月和 10 月两次调整，收益率曲线控制（YCC）政策灵活性不断增加，将 10 年期日本国债收益率的上限 1.0% 作为其市场操作的参考，并停止在每个工作日按照 1% 的固定利率购债，但负利率政策始终维持不变。

目前，广受关注的政策焦点在于日本何时退出负利率政策，迈出货币政策正常化的重要一步。我们认为，从日本国内物价和工资增长、财政约束、金融体系稳定等方面综合来看，日本央行有可能在 2024 年退出负利率政策，但是如果要进一步实现货币政策正常化，其加息的政策空间有限，并且需要谨慎把握加息节奏，重视与市场的有效沟通，以减少政策对市场的冲击。

第一，日本国内通胀是否可以伴随工资上涨并形成"通胀和工资的良性循环"，最终实现 2% 的物价稳定目标，是决定日本退出负利率政策的最重要因素。不论是前任行长黑田东彦还是现任行长植田和男，都多次公开强调：日本央行要实现的不仅仅是通货膨胀，而是伴随工资收入上涨的价格稳定，是"要创造一个物价适度上涨、销售和利润增加、工资增加，进而促进消费增加和物价适度上涨的良性经济循环"。

自 2022 年 4 月以来，日本 CPI 和核心 CPI 的同比增速一直高于央行 2% 的政策目标。日本的整体工资水平呈现出了一定的增长趋势，但目前看来工资是否能持续增长依然存在极大的不确定性。2023 年大企业春季工资谈判（即"春斗"）结果决定 2023 财年加薪幅度达到 +3.8%，这是 30 年来的最高水平；2023 年 1—9 月日本全行业现金工资收入同比增速达到 1.3%，而该指标在新冠疫情前 10 年内基本是负增长。然而，日本的名义工资涨幅目前还没有持续地超过 2%，并且因为通胀水平上升，实际工资自 2022 年 4 月以来一直处于负增长状态。日本央行认为，过去两年日本物价的上涨，主要是来自海外的成本推动因素，这并不是一个可以持续稳定实现 2% 增长目标的理想情况，因此继续维持宽松货币政策。

日本央行于 2023 年 12 月发布的《经济与价格展望报告》显示，成本上涨的转嫁效应将继续减弱，服务等价格将随着工资上涨而上涨，到 2025 财年，在工资和价格之间良性循环的支持下，基本通胀率可能会逐渐上升至 2%。这意味着伴随工资上涨的通胀目标实现的可能性在不断增加，这为 2024 年退出负利率政策提供了可能。

第二，巨额国债的再融资成本以及与之密切相关的财政可持续性，是日本退出负利率货币政策的重要掣肘。日本政府债务规模不断扩大，近年来一直是全球主要经济体中负债率最高的政府。截至 2023 年底，日本中央政府债务总额达到 1 286.45 万亿日元，相当于 GDP 的 217%。根据 IMF 的数据，2023 年日本一般政府债务总额占 GDP 的比重为 252%，而同期 G7 国家政府负债率平均为 126%。尽管日本国债存量不断增加，但国债平均偿债利率自 2016 年以来还不足

[①] 该专栏基于 2023 年的数据和事实对日本货币政策前景进行研判，和最终货币政策的走向存在一定差异。

1%。这得益于央行大规模购买长期国债，并一直将长期债券收益率保持在低位。

退出负利率政策意味着短期政策利率提升，日本国债的发行利率也会随之上升，这将极大地增加巨额国债的财务压力。日本财务省 2023 财年数据显示，本财年日本一般国债存量为 1 068 万亿日元，相当于 GDP 的 187%，国债还本付息支出为 25.3 万亿日元，占 2023 财年财政支出的 22%，其中，利息支出为 8.5 万日元，占财政支出的 7.4%。根据日本内阁府对利率变动的敏感性分析，利率上升 1%，2024—2026 财年的国债还本付息支出将分别增加 1.5 万亿日元、4.0 万亿日元和 7.2 万亿日元，这意味着对应年份的财政支出将分别增长 1.4%、3.5% 和 6.2%。

国债还本付息压力的增加会极大地影响投资者对日本财政可持续的信心，进而给日本政策带来极大的再融资风险。日本政府支出严重依赖国债发行收入，2023 财年一般财政收入中的 31% 来自新发国债，2020 财年这个比例更是高达 73.5%。一旦投资者对日本政府偿债能力信心有所动摇，就会导致到期国债无法顺利滚动发行，这将极大地冲击日本财政的可持续性。

第三，有硅谷银行破产的前车之鉴，退出负利率政策对金融体系稳定的冲击也是影响日本央行加息的节奏和空间的重要因素。在过去 25 年的低利率环境中，日本国内的

银行和保险等金融机构都购买了大量的长期债券以获得适度较高的回报。2023 年底，日本国内银行的证券投资在 250 万亿日元左右，占其资产的 18%；保险业持有的国内外债券规模达到 330 万亿日元，是仅次于日本央行的日本国债的第二大持有者，持有的日本国债占国债总量的 18.6%，并且寿险公司特别增加了对超长期国债（10 年期以上）的购买。

如果退出负利率政策，银行和保险等金融机构将承受持有债券的估值损失和利率风险。根据日本央行测算，日本国内银行的债券估值损失占风险加权资产的比例在过去两年里明显提高，并在 2023 年 10 月达到最高，主要银行在 2% 左右，而信用金库更高，接近 4%；银行的利率风险也处于历史高位，主要银行、地区性银行和信用合作社的利率风险资本比率分别约为 20%、25% 和 35%。尽管日本央行认为整个金融机构体系的风险可控，但是也提出了加强审慎管理的紧迫性。

第四，在全球政治经济局势复杂多变的环境中，日本经济是否能持续复苏以及复苏的程度都存在极大的不确定性。日本的人口负增长和老龄化、技术进步放缓等底层因素并没有明显改善，制约了日本真正走出"低增长、高赤字、高债务"的经济状态，这也意味着日本的货币政策正常化速度要比目前普遍预期的慢。

二、全球金融格局

（一）主要金融资产

1. 全球股市市值稳步增加
根据世界交易所联盟（World Federation of Exchanges，WFE）统计，2023 年末全球主要证券交易所的股票市值为 113.75 万亿美元，同比增长 12.2%（见图 1-1）。

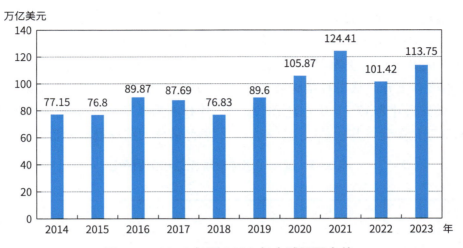

图 1-1　2014 年至 2023 年全球股票市值

（数据来源：WFE）

2. 各国信贷资产增长分化

近年来，主要经济体信贷情况因本国 / 地区经济增长差异而产生分化。国际清算银行（Bank for International Settlements, BIS）数据显示，2023 年中国香港的信贷余额占 GDP 比例超过 400%；日本和新加坡占比超过 300%；中国、美国、欧元区和英国占比超过 200%，其中，中国从上一年的 270.9% 增加至 283.4%（见表 1-2）。

表 1-2　部分经济体金融部门向本国 / 地区非金融部门的授信余额及其占 GDP 比例

单位：十亿美元、%

经济体	2023 年		2022 年		2021 年		2020 年	
	余额	占比	余额	占比	余额	占比	余额	占比
美国	70 190	256.5	66 443	258.1	66 004	279.7	62 612	293.6
欧元区	37 498	236.1	35 261	245.0	38 440	272.5	40 360	286.0
英国	7 995	236.2	7 298	245.1	9 152	297.3	9 134	318.0
日本	16 693	398.8	17 536	412.9	19 892	414.2	22 029	420.9
新加坡	1 768	347.0	1 670	325.7	1 451	335.9	1 379	378.0
中国香港	1 686	441.7	1 636	453.8	1 649	448.3	1 621	469.4
中国	50 274	283.4	47 314	270.9	46 998	260.1	41 522	268.9
印度	6 392	184.5	5 676	178.0	5 476	178.3	5 095	193.5
巴西	3 822	170.9	3 241	170.1	2 811	173.8	2 673	182.5
俄罗斯	2 283	120.2	2 421	112.2	2 096	116.7	1 939	134.5
南非	533	140.2	546	139.7	530	135.6	545	143.7

数据来源：BIS。

3. 跨境权益与负债保持稳定

据 BIS 统计，2023 年末全球跨境权益总头寸为 38.73 万亿美元，负债为 35.34 万亿美元，较 2022 年略有上升。从币种结构来看，最高是美元，权益头寸为 17.71 万亿美元，负债头寸为 16.50 万亿美元；其次是欧元，权益头寸为 12.01 万亿美元，负债头寸为 11.22 万亿美元。从跨境头寸的工具来看，最高是贷款，权益和负债头寸分别为 23.58 万亿美元和 25.05 万亿美元；其次为债券，权益和负债头寸分别为 8.27 万亿美元和 4.79 万亿美元。主要经济体的跨境权益和负债余额见表 1-3。

表 1-3 部分经济体跨境权益和负债余额

单位：十亿美元

经济体	权益			负债		
	2023 年	2022 年	2021 年	2023 年	2022 年	2021 年
美国	3 685.1	3 327.3	3 370.0	4 685.3	4 471.5	4 278.6
英国	5 591.7	5 337.6	5 517.6	5 562.0	5 386.7	5 656.7
日本	4 588.1	4 284.3	4 349.2	1 502.2	1 477.0	1 397.5
中国香港	1 871.8	1 824.5	1 742.9	1 330.8	1 369.7	1 375.1
中国	1 490.1	1 518.6	1 531.0	1 320.5	1 352.2	1 569.0
印度	39.2	51.1	64.4	252.5	223.8	217.3
巴西	82.2	73.5	65.2	157.4	140.4	135.2
南非	48.4	50.9	57.4	36.7	39.7	34.6

数据来源：BIS，Table A2。

4. 债券资产持续增长

近年来，多数经济体所持有的境内外债券资产余额呈增长态势，如美国、新加坡、巴西等（见表 1-4）。美国持有最大的境内外债券余额。

国际债券市场未清偿余额基本平稳。按发行人所在地划分，英国、美国占主要份额（见表 1-5）。

表 1-4 部分经济体境内外债券资产余额

单位：十亿美元

经济体	2023 年	2022 年	2021 年	2020 年
美国	55 299	51 937	49 288	46 602
英国	5 841	4 793	6 822	6 868
日本	11 496	12 056	13 373	14 670
新加坡	752	657	612	543
中国香港	—	573	582	559
中国	22 914	21 660	21 816	18 556
印度	—	1 750	1 737	1 566
巴西	3 093	2 431	2 102	2 036
南非	372	369	360	363

资料来源：BIS，Table C1。

表 1-5　部分经济体发行的国际债券未清偿余额

单位：十亿美元

经济体	2023 年	2022 年	2021 年	2020 年
美国	2 438	2 396	2 445	2 438
英国	3 441	3 226	3 405	3 334
日本	521	521	544	510
新加坡	257	211	206	186
中国香港	334	341	375	359
中国	219	222	238	229
印度	70	74	78	68
巴西	98	104	109	114
俄罗斯	75	83	95	106
南非	45	35	34	37

资料来源：BIS，Table C1。

（二）国际主要货币

当前国际货币体系呈现以美元为主导，欧元、英镑、日元等货币并存的多元化格局。2023 年数据显示，人民币为全球第六大储备货币、第四大支付货币、第三大贸易融资货币。

1. 主要货币稳定性比较

（1）主要货币汇率比较

美元指数于 2019 年开始保持回升态势，并持续至 2020 年初。新冠疫情带来的美元流动性短缺导致美元指数在 2020 年 3 月超过 102；之后，新冠疫情引发美联储大规模的量化宽松，美元指数相应回落；2021 年底，为应对通货膨胀压力，美联储以更快的速度缩减资产购买规模，并开启加息周期，美元指数重拾上升趋势，并于 2022 年 9 月达到 114 的高点；之后，伴随美联储加息放缓，美元指数有所回落，截至 2024 年 6 月 30 日，美元指数稳定在 105 点左右（见图 1-2）。

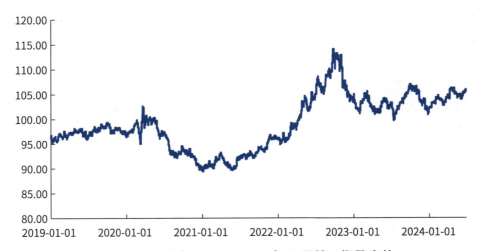

图 1-2　2019 年 1 月至 2024 年 6 月美元指数走势

（数据来源：Wind）

主要发达经济体的汇率走势出现分化。由于欧洲地区经济复苏不及预期，欧元和英镑从 2019 年起对美元持续贬值，并在 2020 年初由于疫情暴发引起的美元流动性短缺而达到阶段性低点；新冠疫情期间，欧元和英镑因美联储量化宽松带来的美元走弱而升值，该升值趋势持续至 2021 年年中；之后，伴随美联储进入紧缩周期以及俄乌冲突导致的经济下滑，欧元、英镑持续走弱，该贬值趋势持续至 2022 年 10 月；之后，伴随美元指数的回落，欧元和英镑触底反弹。2021 年 6 月之前，日元对美元整体走势平稳；之后，美国和日本货币政策分化导致美国和日本国债利差持续扩大，国际资本流出日本，日元开始贬值，同时，俄乌冲突带来能源价格上涨，日本贸易条件恶化，进一步加剧日元贬值趋势（见图 1-3）。

图 1-3　2019 年 1 月至 2024 年 6 月主要发达经济体汇率

（数据来源：Wind）

除俄罗斯之外，多数新兴市场经济体货币的汇率走势较为一致。人民币对美元汇率从 2019 年开始贬值，直至 2020 年 6 月；后因美国大规模量化宽松而出现回升；2022 年初，伴随美联储进入加息周期，人民币对美元再次呈现贬值趋势（见图 1-4）。其他新兴市场经济体货币对美元汇率走势与人民币类似，大多呈现贬值、升值、再贬值的走势。俄罗斯是一个例外，由于俄乌冲突以及西方的经济制裁，卢布对美元汇率在 2022 年 2 月底开启一轮迅速贬值的走势。为稳定币值，俄罗斯政府采取加息、资本管制、大宗商品卢布结算、将卢布与黄金挂钩等一系列措施，推动卢布对美元汇率快速升值。2022 年 3 月至 6 月，在其他新兴市场经济体货币对美元持续贬值的时候，卢布汇率却达到 1 美元兑 51 卢布的高点。然而卢布的升值趋势未能延续，2022 年 6 月之后，由于战争和国际制裁影响的持续扩大，卢布重启贬值趋势（见图 1-5）。

（2）各经济体通货膨胀水平比较

在量化宽松政策和供应链中断的影响下，2021 年全球主要经济体通货膨胀水平持续上升；2022 年初的俄乌冲突引发能源等大宗商品价格上涨，进一步推高全球通货膨胀水平。2022 年下半年，除日本和中国外，美国、印度、俄罗斯、南非和巴西的通货膨胀率均超过 5%，俄罗斯一度高达 17%。从 2022 年第四季度起，伴随全球央行的紧缩政策（中国和日本除外），全球通货膨胀见顶回落，截至 2024 年 6 月，除俄罗斯外，主要经济体通货膨胀水平均低于 5%（见图 1-6）。

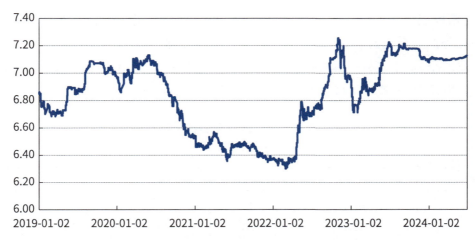

图 1-4 2019 年 1 月至 2024 年 6 月人民币汇率

(数据来源：Wind)

美元兑印度卢比（左轴）　　　　　美元兑卢布（左轴）
美元兑南非兰特（右轴）　　　　　美元兑巴西雷亚尔（右轴）

图 1-5 2019 年 1 月至 2024 年 6 月部分新兴市场经济体汇率

(数据来源：Wind)

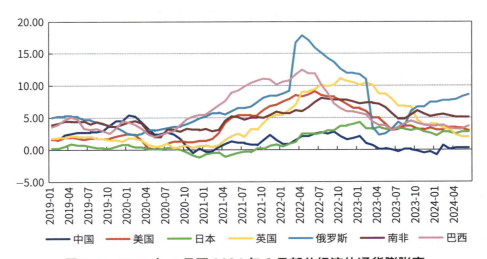

中国　美国　日本　英国　俄罗斯　南非　巴西

图 1-6 2019 年 1 月至 2024 年 6 月部分经济体通货膨胀率

(数据来源：Wind)
(注：通货膨胀率指标为 CPI 当月同比)

2. 全球货币格局

（1）全球外汇储备币种构成

2023 年末，全球官方外汇储备为 12.34 万亿美元，较 2022 年末增加 0.42 万亿美元，可识别货币占比为 92.80%。美元和欧元在全球主要储备货币中占比分别为 58.44% 和 19.94%；人民币占比为 2.29%，较 2022 年的 2.61% 有所下降（见表 1-6）。

表 1-6　全球官方外汇储备币种构成

单位：%

币种	2023 年	2022 年	2021 年	2020 年	2019 年
美元	58.44	58.58	58.88	58.94	60.75
欧元	19.94	20.37	20.06	21.29	20.59
人民币	2.29	2.61	2.88	2.27	1.94
日元	5.69	5.50	5.36	6.05	5.87
英镑	4.86	4.90	4.97	4.73	4.64
澳大利亚元	2.14	1.96	1.93	1.82	1.70
加拿大元	2.59	2.39	2.46	2.08	1.86
瑞士法郎	0.20	0.23	0.23	0.17	0.15
其他货币	3.85	3.46	3.23	2.65	2.50

资料来源：IMF，Currency Composition of Official Foreign Exchange Reserves。

（2）全球支付货币币种分布

环球银行金融电信协会（SWIFT）数据显示，2023 年 12 月，在全球主要货币的支付份额排名中，美元、欧元、英镑分别以 47.54%、22.41% 和 6.92% 的份额位居前三。人民币以 4.14% 的份额位居第四，同比增加 1.99 个百分点。日元维持在第五位，份额为 3.83%（见表 1-7）。

表 1-7　全球主要货币支付份额

单位：%、个百分点

币种	2023 年	2022 年	变动
美元	47.54	41.89	5.65
欧元	22.41	36.34	-13.93
英镑	6.92	6.08	0.84
人民币	4.14	2.15	1.99
日元	3.83	2.88	0.95

资料来源：SWIFT。

（3）全球贸易融资货币

环球银行金融电信协会数据显示，2023 年 12 月，全球贸易融资货币主要由美元、欧元、人民币和日元构成，占比分别为 82.84%、7.35%、5.07% 和 1.30%（见表 1-8）。

表 1-8　全球贸易融资货币份额

单位：%、个百分点

币种	2023 年	2022 年	变动
美元	82.84	84.84	-2
欧元	7.35	6.31	1.04
人民币	5.07	3.91	1.16
日元	1.30	1.28	0.02

资料来源：SWIFT。

第二章
上海国际金融中心发展情况

一、经济金融发展概况

2023 年，面对复杂严峻的国际环境，上海坚持稳中求进工作总基调，推进高水平改革开放，精准有力落实政策举措，全市经济呈现稳步恢复态势，经济新动能加快培育，产业能级持续提升，高质量发展有效推进。

金融系统精准有力实施好稳健的货币政策，金融服务实体经济质效进一步提升，信贷规模平稳增长，融资成本稳中有降，对重大战略、重点领域和薄弱环节的支持力度持续加大。全市实现地区生产总值 4.72 万亿元，同比增长 5.0%（见图 2-1）。

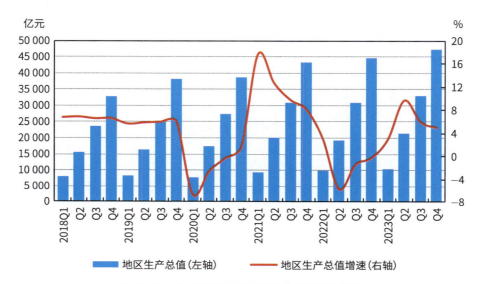

图 2-1　上海市地区生产总值及其增长率

（数据来源：上海市统计局）

（一）上海经济运行情况

1. 投资、消费较快增长，外贸进出口总体平稳

固定资产投资快速增长。2023 年，全社会固定资产投资总额同比增长 13.8%（见图 2-2）。从三大投资领域看，房地产开发投资同比增长 18.2%，工业投资同比增长 5.5%，城市基础设施投资同比增长 3.3%。民

间投资同比增长 6.9%，占全市投资的比重为 29.3%。

消费市场持续恢复。2023 年，社会消费品零售总额 18 515.5 亿元，同比增长 12.6%（见图 2-3）。分行业看，批发和零售业零售额同比增长 11.1%，住宿和餐饮业零售额同比增长 33.3%。"五五购物节"、全球新品首发季、夜生活节等重大节庆和消费促进活动有力提振消费信心。

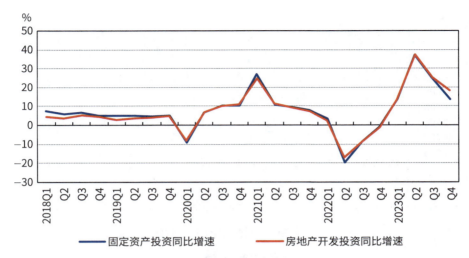

图 2-2　上海市固定资产投资及其增长率

（数据来源：上海市统计局）

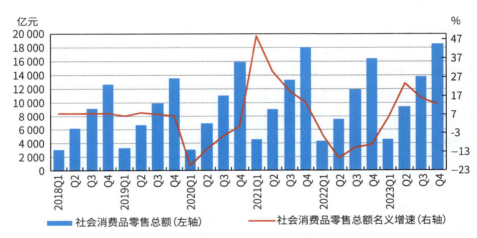

图 2-3　上海市社会消费品零售总额及其增长率

（数据来源：上海市统计局）

外贸进出口总体平稳。2023 年，全市货物进出口总额 4.21 万亿元人民币，同比增长 0.7%。其中，出口总额 1.74 万亿元，同比增长 1.6%；进口总额 2.47 万亿元，同比增长 0.1%（见图 2-4）。从经营主体看，私营企业出口同比增长 12.3%，分别比国有企业和外资企业高 4.3 个和 19 个百分点。从主要贸易产品看，机电产品和高新技术产品出口同比分别增长 2.8% 和 -7.5%，全球电子行业增长周期性放缓对高新技术产品出口冲击较大。从出口市场看，对欧盟、美国、日本出口分别增长 -1%、-11.8% 和 6.5%。航运枢纽优势不断增强，全年上海港集装箱吞吐量达到 4 915.8 万标准箱，连续 14 年排名世界第一。

利用外资保持增长。2023 年，全市外商直接投资实际到位金额 240 亿美元，略超上年规模，上海仍是跨国公司投资首选地。总部经济加快集聚，全年分别新增跨国公司地区总部、外资研发中心 65 家和 30 家，年末累计分别达到 956 家和 561 家，首批创新型企业总部达到 40 家。

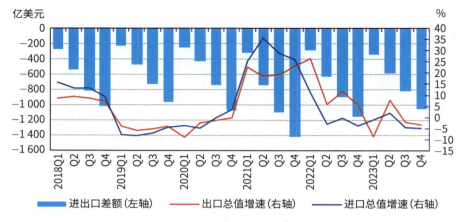

图 2-4 上海市货物进出口增长率及差额

（数据来源：上海海关）

2. 工业生产平稳运行，服务业较快增长

工业生产平稳运行。2023 年，全市规模以上工业增加值同比增长 1.5%，规模以上工业总产值同比下降 0.2%。分行业看，汽车制造业、电气机械和器材制造业、铁路船舶航空航天和其他运输设备制造业产值同比分别增长 12%、11.6% 和 14.6%。在工业战略性新兴产业中，新能源汽车、新能源产业产值同比分别增长 32.1% 和 21.3%。科技创新稳步推进，全年全社会研发经费支出相当于全市生产总值比例达到 4.4% 左右。

服务业较快增长。2023 年，全市第三产业增加值同比增长 6.0%。其中，金融业，信息传输、软件和信息技术服务业，房地产业，租赁和商务服务业，交通运输、仓储和邮政业，批发和零售业增加值同比分别增长 5.2%、11.3%、−0.3%、8.1%、15.6% 和 2.3%。

3. 经济效益总体稳定，居民收入稳步增加

企业盈利基本稳定。2023 年，全市规模以上工业企业营业收入同比增长 1.1%，增速与上年持平；利润总额同比下降 0.3%，降幅比上年收窄 11.4 个百分点。

地方财政收入保持增长。2023 年，全市完成一般公共预算收入 8 312.5 亿元，同比增长 9.3%；一般公共预算支出 9 638.5 亿元，同比增长 2.6%，节能环保、科学技术、教育、社会保障和就业等重点支出优先保障（见图 2-5）。

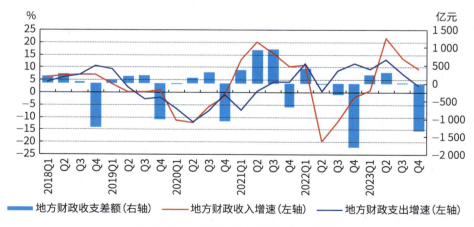

图 2-5 上海市地方财政收支状况

（数据来源：上海市统计局）

居民收入稳步增加，就业形势总体稳定。2023年，全市居民人均可支配收入84 834元，名义增长6.6%；扣除价格因素，实际增长6.3%。其中，城镇常住居民人均可支配收入89 477元，名义增长6.5%，实际增长6.2%；农村常住居民人均可支配收入42 988元，名义增长8.2%，实际增长7.9%。城乡收入比为2.08，比上年缩小0.04。2023年，全市城镇调查失业率平均值为4.5%。

4. 居民消费价格温和上涨，工业生产者价格小幅下降（见图2-6）

居民消费价格温和上涨。2023年，全市居民消费价格同比上涨0.3%。其中，消费品价格下降1.0%，服务价格上涨1.8%。

工业生产者价格小幅下降。2023年，全市工业生产者出厂价格同比下降0.3%，工业生产者购进价格同比下降1.1%。

图2-6 上海市CPI和PPI变动趋势

（数据来源：上海市统计局）

5. 房地产成交小幅下降，价格有所下降

2023年，全市新建商品住房施工面积、竣工面积、新开工面积同比分别增长3.2%、25.1%和-19.3%，竣工面积和新开工面积增势分化明显；销售面积1 808万平方米，同比下降2.4%。新房价格涨幅基本稳定，二手房价格下跌。12月，全市新建商品住宅成交价格同比上涨4.5%，涨幅比上月收窄0.2个百分点，比上年同期提高0.4个百分点；二手住宅成交价格同比下降3.4%，跌幅比上月扩大0.1个百分点，上年同期为上涨2.6%。

（二）上海金融运行情况

1. 企业存款增速年内加快，个人存款增速放缓

2023年12月末，全市金融机构本外币各项存款余额为204 429.3亿元，同比增长6.3%，较同期全国存款增速低3.3个百分点（见图2-7）。其中，中外资金融机构人民币和外币存款余额分别为193 594.3亿元和1 529.8亿美元，同比分别增长7.1%和下降8.7%，增速分别较上年末下降3.2个和上升2.4个百分点。月末各项存款占全国比重为7.1%，较上年末低0.2个百分点。

2023年，全市本外币各项存款累计新增12 444.8亿元，同比少增4 083.4亿元。分币种看，人民币各项存款增加13 275.2亿元，同比少增3 599.4亿元；外币各项存款减少145.2亿美元，同比少减63.9亿美元。分主体看，境内存款累计增加13 014.0亿元，同比少增3 599.5亿元；境外存款累计减少569.2亿元，同比多减484.0亿元。

图 2-7　上海市金融机构本外币存款增长

(数据来源：中国人民银行上海总部)

2. 贷款规模稳步增长，贷款投向不断优化

2023 年 12 月末，全市本外币各项贷款余额为 111 766.7 亿元，较年初增加 7 557.4 亿元，同比增长 7.3%，较同期全国贷款增速低 2.8 个百分点（见图 2-8）。其中，中外资金融机构人民币和外币贷款余额分别为 105 906.6 亿元和 827.4 亿美元，同比分别增长 8.6% 和下降 13.3%，增速分别较上年末下降 0.7 个和上升 8.4 个百分点。

2023 年，全市本外币贷款累计增加 7 557.4 亿元，同比多增 167.9 亿元。分币种看，人民币各项贷款增加 8 343.6 亿元，同比少增 171.5 亿元；外币各项贷款减少 126.9 亿美元，同比少减 137.8 亿美元。分主体看，境内贷款累计增加 6 877.6 亿元，同比少增 469.9 亿元；境外贷款累计增加 679.8 亿元，同比多增 637.8 亿元。

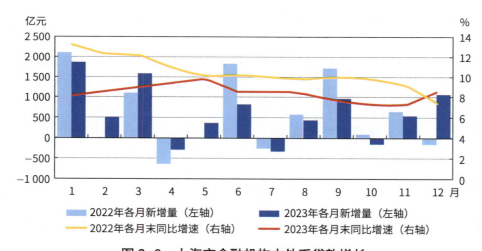

图 2-8　上海市金融机构本外币贷款增长

(数据来源：中国人民银行上海总部)

3. 融资成本整体回落，融资贵问题持续缓解

市场资金面总体宽松，银行间融资成本持续回落。但受万亿元国债发行影响，年末银行间拆借及回购利率阶段性上升。2023 年 12 月，银行间市场同业拆借及质押式债券回购月加权平均利率分别为 1.7801% 和 1.9047%，分别较上年 12 月上升 52.4 个和 49.5 个基点。

不同品种贷款利率同步下行。2023 年 12 月，上海人民币贷款加权平均利率为 3.05%，较上年 12 月下降 64 个基点。其中，一般贷款平均利率为 3.69%，较上年 12 月下降 33 个基点；票据融资平均利率为 1.32%，较上年 12 月下降 37 个基点。

4. 社会融资规模同比微降，本外币贷款稳步增长，间接融资占比上升

2023 年，上海社会融资规模为 7 410.6 亿元，同比少增 1 431.7 亿元。其中，人民币与外币贷款合计增加 6 944.5 亿元，同比多增 330.0 亿元，合计占比为 93.7%，同比上升 18.9 个百分点。信托贷款减少 444.1 亿元，同比少减 962.0 亿元。未贴现银行承兑汇票增加 540.6 亿元，同比多增 100.0 亿元。委托贷款减少 717.9 亿元，同比多减 645.8 亿元。

在直接融资方面，地方政府专项债融资回落。2023 年，政府债券融资 293.8 亿元，同比少增 899.5 亿元；占社会融资规模的 4.0%，同比下降 9.5 个百分点。股票融资占比依旧维持高位。2023 年，上海非金融企业境内股票融资 1 090.5 亿元，同比少增 19.9 亿元；占社会融资规模的 14.7%，同比上升 2.2 个百分点。受债券市场大幅波动影响，企业债券取消发行较多，2023 年企业债券融资减少 1 145.1 亿元，同比多减 1 497.3 亿元；同比下降 19.4 个百分点。

5. 流动性状况较为平稳，信贷资产质量基本稳定

贷存比和备付率水平微降。由于年初以来存款增速略高于贷款增速，全年贷存比小幅下降。2023 年 12 月末，全市中资商业银行人民币贷存比为 50.6%，比上年同期上升 1.1 个百分点；外资金融机构人民币贷存比为 62.0%，比上年同期上升 2.6 个百分点。12 月末，全市中资商业银行人民币备付率为 1.25%，比上年同期小幅下降 0.17 个百分点。

2023 年，上海金融机构贷款不良率上升，信贷风险基本可控。随着更多的逾期 90 天以上贷款被纳入不良贷款，上海不良贷款额较上年末有所上升。12 月末，上海金融机构不良贷款余额 1 062.52 亿元，比上年末增加 242.87 亿元；不良贷款率为 0.95%，比上年末上升 0.16 个百分点，继续明显低于全国 1.59% 的水平。12 月末，在沪法人银行拨备覆盖率为 317.2%，较上年同期下降 20.0 个百分点，显著高于全国同期水平 205.1%。综合来看，上海商业银行的资产质量基本稳定。

6. 业务经营总体稳健，利润增速同比大幅回升

资产负债增速有所放缓。2023 年 12 月末，全市金融机构本外币资产和负债同比分别增长 6.5% 和 6.4%，增速较上年末分别下降 3.2 个和 3.5 个百分点。其中，中资银行资产总额为 23.3 万亿元，同比增长 7.0%；外资银行资产总额为 1.6 万亿元，同比增长 0.7%。

利润增速同比大幅回升。2023 年，全市金融机构实现净利润 1 763.0 亿元，同比增长 8.3%，增速较上年末上升 7.3 个百分点。

二、金融服务业与金融机构

（一）银行业

截至 2023 年末，上海市各类营业性银行业金融机构数量已达 4 120 家，包括 3 家中资法人银行、18 家外资法人银行、3 家政策性银行上海分行、6 家大型银行上海市分行、12 家股份制商业银行上海分行、14 家城市商业银行上海分行、4 家资产管理公司上海分公司、41 家持牌专营机构、14 家村镇银行、53 家非银行金融机构（51家法人非银行金融机构，2家分公司）、6家理财公司、77家外资银行上海分行、3 804个支行及以下营业网点，以及65家自贸试验区分支行及其他金融机构，共有从业人员14.22万人。

截至2023年末，上海银行业金融机构总资产24.92万亿元，同比增长6.50%；各项

贷款余额11.13万亿元，同比增长7.61%；各项存款余额16.93万亿元，同比增长8.08%；不良贷款余额1 062.52亿元，比年初增加242.87亿元；不良贷款率0.95%，比年初上升0.16个百分点。2023年上海银行业累计实现净利润1 762.97亿元，同比增长8.25%（见表2-1）。

表2-1　2023年上海银行业运行主要数据

指标	2023年	2022年	同比增长
总资产	24.92万亿元	23.39万亿元	6.50%
各项存款余额	16.93万亿元	15.67万亿元	8.08%
各项贷款余额	11.13万亿元	10.34万亿元	7.61%
不良贷款余额	1 062.52亿元	819.64亿元	29.63%
不良贷款率	0.95%	0.79%	0.16个百分点
净利润	1 762.97亿元	1 624.93亿元	8.25%

数据来源：国家金融监督管理总局上海监管局。

（二）证券期货业

截至2023年末，上海共有证券公司34家（包括14家证券公司下属的资产管理公司），占全国146家的23.29%。证券公司分公司152家，证券营业部779家。此外，上海

还有证券投资咨询公司17家、境外证券类机构上海代表处31家（含1家境外交易所上海代表处）。上海证券公司总资产2.52万亿元、净资产6 795.41亿元、净资本4 737.71亿元，同比分别增长6.41%、5.29%和0.23%（见表2-2）。

表2-2　2023年上海证券公司经营情况

项目	2023年		2022年	
	绝对数	同比增减	绝对数	同比增减
证券公司家数	34家	3家	31家	0家
全国占比	23.29%	—	22.14%	—
总资产	25 194.64亿元	6.41%	23 676.02亿元	3.63%
净资产	6 795.41亿元	5.29%	6 453.83亿元	6.29%
净资本	4 737.71亿元	0.23%	4 726.75亿元	2.51%
营业收入	864.23亿元	−0.11%	865.19亿元	−22.16%
净利润	299.11亿元	−8.88%	328.26亿元	−28.90%

数据来源：中国证券监督管理委员会上海监管局。

截至 2023 年末，上海共有基金管理公司 66 家，占全国 145 家的 45.52%；基金管理公司分支机构 44 家，基金管理公司专业子公司 35 家；基金评价机构 3 家，独立基金销售机构 27 家，基金第三方支付机构 7 家。此外，在中国证券投资基金业协会完成登记的上海私募基金管理人共有 3 973 家，占全国的 18.37%。

上海证券期货基金经营机构和私募基金管理人资产管理规模合计为 19.92 万亿元。基金管理公司公募基金管理规模为 9.63 万亿元，同比增长 7.8%；专户资产管理规模为 1.2 万亿元，同比减少 20%；年金、社保、养老金等管理规模为 1.02 万亿元，同比增长 21.08%。基金管理公司专户子公司管理规模为 4 668.29 亿元，同比减少 40.8%。证券公司资产管理规模为 2.37 万亿元（不含资产支持证券），同比减少 26.8%，其中公募基金管理规模为 0.5 万亿元。期货公司资产管理规模为 766.7 亿元，同比减少 4.43%。私募基金管理人管理私募基金 4.37 万只，占全国的 28.54%，管理资产规模为 5.16 万亿元，占全国的 25.10%，均居全国首位（见表 2-3）。

表 2-3　2023 年上海基金管理公司经营情况

项目	2023 年		2022 年	
	绝对数	同比增减	绝对数	同比增减
基金公司家数	66 家	2 家	64 家	3 家
全国占比	45.52%	—	45.39%	—
基金公司资产管理总规模	118 472.64 亿元	0.33%	118 077.29 亿元	5.15%
公募基金数量	4 496 只	10.74%	4 060 只	21.81%
公募基金总份额	97 581.86 亿元	14.25%	85 408.92 亿元	12.29%
公募基金总净值	101 450.55 亿元	7.20%	94 640.93 亿元	4.34%
基金公司当年新发基金数	480 只	-21.18%	609 只	-15.53%

数据来源：中国证券监督管理委员会上海监管局。

截至 2023 年末，上海共有期货公司 36 家，占全国 150 家的 24%；期货分公司 107 家，营业部 95 家；下设 22 家风险管理子公司（均注册在上海），3 家资管子公司。上海期货公司净资产 533.76 亿元，净资本 379.86 亿元，同比分别增长 7.09% 和 5.49%；总资产（含客户权益）5 556.42 亿元，净利润 31.83 亿元，同比分别减少 7.42% 和 11.85%（见表 2-4）。

表 2-4　2023 年上海期货公司经营情况

项目	2023 年		2022 年	
	绝对数	同比增减	绝对数	同比增减
期货公司家数	36 家	0	36 家	1 家
全国占比	24%	—	24%	—

续表

项目	2023 年		2022 年	
	绝对数	同比增减	绝对数	同比增减
总资产	5 556.42 亿元	−7.42%	6 001.92 亿元	25.18%
净资产	533.76 亿元	7.09%	498.43 亿元	13.29%
净资本	379.86 亿元	5.49%	360.08 亿元	15.46%
客户权益	4 902.96 亿元	−8.99%	5 387.2 亿元	27.28%
净利润	31.83 亿元	−11.85%	36.11 亿元	13.43%

数据来源：中国证券监督管理委员会上海监管局。

（三）保险业

截至 2023 年末，上海共有 61 家保险法人机构，其中，保险集团 2 家、财产险公司 20 家（其中自保公司 1 家）、人身险公司 24 家、再保险公司 5 家、资产管理公司 10 家；共有 130 家省级保险分支机构，其中，财产险分支机构 53 家、人身险分支机构 59 家、再保险分支机构 18 家。共有 225 家保险专业中介法人机构，其中，保险专业代理机构 104 家、保险经纪机构 83 家、保险公估机构 38 家；共有 268 家保险专业中介分支机构，其中，保险专业代理机构 100 家、保险经纪机构 140 家、保险公估机构 28 家。

截至 2023 年末，上海省级保险分公司总资产 9 304.81 亿元，同比增长 6.35%。原保险保费收入累计达 2 470.74 亿元，同比增长 17.93%。其中，财产险公司原保险保费收入 737.80 亿元，同比增长 11.27%；人身险公司原保险保费收入 1 732.94 亿元，同比增长 21.02%。原保险赔付支出累计达 783.37 亿元，同比增长 19.68%。其中，财产险业务原保险赔款支出 365.35 亿元，同比增长 32.94%；寿险业务原保险给付 250.80 亿元，同比增长 28.85%；健康险业务原保险赔款给付 146.45 亿元，同比下降 11.72%；意外险业务原保险赔款支出 20.78 亿元，同比增长 8.34%（见表 2-5）。

表 2-5　2023 年上海保险业运行主要数据

单位：亿元

项目	2023 年	2022 年	2021 年	2020 年	2019 年
保险公司总资产	9 304.81	8 748.91	8 327.67	9 517.74	8 831.87
原保险保费收入	2 470.74	2 095.01	1 970.90	1 864.99	1 720.01
其中：财产险公司	737.80	663.05	632.41	594.35	643.39
人身险公司	1 732.94	1 431.96	1 338.49	1 270.64	1 076.62
保险赔付支出	783.37	654.55	737.95	630.70	654.90

数据来源：国家金融监督管理总局上海监管局。

三、金融市场运行

（一）货币市场

2023 年，银行间人民币货币市场成交 1 817.2 万亿元，同比增长 19.5%。其中，同业拆借成交 143.0 万亿元，同比减少 2.6%；质押式回购成交 1 668.8 万亿元，同比增长 21.4%；买断式回购成交 5.4 万亿元，同比减少 2.7%（见表 2-6）。

从融资结构看，国有大型商业银行、政策性银行和股份制商业银行分列资金净融出规模前三位，分别净融出资金 727.4 万亿元、148.1 万亿元和 58.0 万亿元；基金、证券公司和基金公司的特定客户资产管理业务位列资金净融入额前三位，分别净融入 282.0 万亿元、270.5 万亿元和 100.4 万亿元。

表 2-6　银行间人民币货币市场交易情况

单位：万亿元

品种	2023 年	2022 年	2021 年	2020 年
同业拆借	143.0	146.8	118.8	147.1
债券回购	1 674.2	1 380.2	1 045.2	959.8
其中：质押式回购	1 668.8	1 374.6	1 040.5	952.7
买断式回购	5.4	5.6	4.7	7.0
合计	1 817.2	1 527.0	1 164.0	1 106.9

数据来源：中国外汇交易中心。

票据承兑背书持续增长，各类票据有所分化。2023 年，票据市场票据承兑金额 31.3 万亿元，同比增长 14.5%。其中，银票承兑 27.1 万亿元，增长 17.3%；商票承兑 3.6 万亿元，增长 3.6%；财票承兑 0.7 亿元，下降 17.3%。票据背书金额 62.7 万亿元，同比增长 7.0%。截至 2023 年末，票据承兑余额 18.6 万亿元，较上年末下降 2.7%。社会融资口径的票据承兑余额占社会融资规模存量的比重为 4.1%，较上年末下降 0.4 个百分点。

票据贴现显著增加，融资利率持续下降。2023 年，票据市场票据贴现金额 23.8 万亿元，同比增长 22.4%。其中，银票贴现 21.7 万亿元，同比增长 22.3%；商票贴现 1.8 万亿元，同比增长 37.5%；财票贴现 0.4 万亿元，同比下降 17.1%。年末票据融资余额占企（事）单位人民币贷款余额的比重为 8.5%，较上年末下降 0.9 个百分点。2023 年，全市场贴现加权平均利率为 1.78%，同比下降 17 个基点，较一年期贷款市场报价利率（LPR）均值低 177 个基点，可为企业节约超过 1 800 亿元的融资成本。其中，银票贴现加权平均利率为 1.64%，同比下降 16 个基点；商票贴现利率为 3.29%，同比下降 42 个基点；财票贴现利率为 2.33%，同比下降 20 个基点。

票据交易保持活跃，主体集中度较高。2023 年，票据市场转贴现交易金额 73.4 万亿元，同比增长 26.1%。其中，银票转贴现 64.9 万亿元，同比增长 24.1%；商票转贴现 7.7 万亿元，同比增长 48.1%；财票转贴现 0.8 万亿元，同比增长 14.2%。票据回购交易金额 31.5 万亿元，同比增长 5.3%。其中，质押式回购交易 29.7 万亿元，同比增长 7.1%；买断式回购交易 1.8 万亿元，同比下降 17.5%。

截至 2023 年末，共有 2 123 家市场主体参与票据交易。从交易量占比看，国有商业银行、股份制商业银行、城市商业银行仍是最主要的市场参与者。

（二）债券市场

债券市场规模稳定增长。2023 年，债券市场共发行各类债券 71.0 万亿元，同比增长 14.8%。其中，银行间债券市场发行债券 61.4 万亿元，交易所市场发行债券 9.6 万亿元。

银行间债券市场成交 334.8 万亿元，同比增长 16.5%，其中，债券借贷成交 27.5 万亿元、现券成交 307.3 万亿元。分券种看，政策性金融债、国债和同业存单成交最为活跃，分别成交 109.5 万亿元、69.8 万亿元和 63.3 万亿元，占比分别为 35.6%、22.7% 和 20.6%。从待偿期来看，现券成交主要为 1 年期以下（包括 1 年期）和 7~10 年期（包括 10 年期），分别成交 106.7 万亿元和 95.5 万亿元，分别占全部现券交易的 34.7% 和 31.1%。

上海证券交易所（以下简称上交所）债券市场规模稳步扩大。截至 2023 年末，上交所债券托管量 17 万亿元，同比增长 7%。2023 年，上交所债券筹资总额 7.0 万亿元，其中，政府债筹资 17 722 亿元、公司债筹资 42 123 亿元、资产支持证券筹资 9 369 亿元。基础设施公募 REITs 募集资金 236 亿元。债券累计成交（包括回购）439.8 万亿元，日均成交 1.8 万亿元，同比增长 15.6%。现券成交总额为 35.8 万亿元，同比增长 64%。其中，可转债交易规模同比减少 32.4%，成交量占上交所整体现券成交总额的 13.5%。公募公司债、私募公司债和资产支持证券交易金额分别为 7.94 万亿元、8.25 万亿元和 6 157 亿元，同比分别增长 41.92%、27.28% 和 11.37%。

2023 年，上交所债券市场共发行绿色债券 554 亿元（包括碳中和绿色债券 151 亿元）和绿色资产支持证券 984 亿元，合计规模 1 538 亿元，较上年增长 6.7%；科技创新公司债券发行量增长明显，全年发行 2 956 亿元，较上年增长 203%。

（三）股票市场

股票市值规模、成交量与筹资总额均有所下降。截至 2023 年末，上海证券市场上市公司数 2 263 家，其中，主板公司 1 697 家、科创板公司 566 家。股票数 2 302 只 [包括 A 股、B 股和中国存托凭证（CDR）]，股票总市值 46.31 万亿元，同比下降 0.14%，其中，主板市值 40.15 万亿元、科创板市值 6.16 万亿元。上市公司总股本 4.9 万亿股，流通股 4.5 万亿股。2023 年，上海证券市场股票现货全年累计成交 89.36 万亿元，日均成交 3 693 亿元，同比下降 7.2%。全年主板成交 73.62 万亿元，科创板成交 15.74 万亿元。股票筹资总额 6 077 亿元，同比减少 28.3%，其中，主板筹资 4 242 亿元、科创板筹资 1 835 亿元（见表 2-7）。

截至 2023 年末，沪市共挂牌 ETF539 只，规模合计 15 568.41 亿元，全年成交额 21.67 万亿元。沪市交易型开放式指数基金（ETF）成交额、规模分别位居亚洲第一、第二，投资者参与度保持高速增长。权益类 ETF（包括股票 ETF 和跨境 ETF）整体交易活跃，年成交金额达 10.64 万亿元，约占沪市 A 股总成交额的 11.9%。债券 ETF 成交显著增长，达到 2022 年成交额的 2.52 倍。沪市 ETF 投资者的持有意愿持续增强。从一级市场来看，沪市 ETF 总体呈现净流入态势，全年净申购金额为 3 569.28 亿元，同比增长 58.74%。从投资者数量上看，沪市 ETF 市场年末持有账户数为 662 万户，同比增长 16.96%。

基础设施领域不动产投资信托基金（REITs）市场稳步增长。2023 年，上交所着力推进 REITs 常态化发行。11 单项目获批（含 2 单扩募），7 单上市（含 2 单扩募），上市规模 205 亿元，资产类型拓展至消费基础设施、新能源等领域。首批新能源项目、首批扩募项目上市，首批消费基础设施项目获批。同时，上交所持续推进基础设施公募 REITs 配套规

则体系的完善工作，修订发布《上海证券交易所公开募集基础设施证券投资基金（REITs）规则适用指引第 1 号——审核关注事项（试行）》，发布《上海证券交易所公开募集基础设施证券投资基金（REITs）规则适用指引第 5 号——临时报告（试行）》。截至 2023 年末，沪市 REITs 产品市值 611.65 亿元，较上年末增长 4.51%。

表 2-7　上海证券市场概况

市场概况	2023 年	2022 年	2021 年
上市证券（年末）			
上市公司数 / 家	2 263	2 174	2 037
上市证券数 / 只	33 725	30 110	26 989
上市股票数 / 只	2 302	2 213	2 079
新上市公司数 / 家	103	155	250
发行股本 / 亿股	49 074.46	47 669.61	46 237.02
非限售股股本 / 亿股	45 171.74	42 243.38	40 422.36
市价总值 / 亿元	463 127.23	463 786.76	519 698.34
流通市值 / 亿元	417 697.78	398 185.34	435 466.31
筹资金额			
市场合计 / 亿元	57 678	51 180.60	58 717.21
股票 / 亿元	6 077	8 477.18	8 335.93
公司债 / 亿元	42 123	32 282.47	37 917.49
可转债 / 亿元	635	1 601.51	1 728.64
资产支持证券 / 亿元	9 369	9 160.00	11 426.51
公募 REITs/ 亿元	205	342.31	199.12
交易概况			
交易天数 / 天	242	242	243
成交金额和成交量			
合计 / 亿元	5 515 406.71	4 960 853.09	4 611 280.67
股票 / 亿元	893 628.45	962 556.27	1 140 006.46
基金 / 亿元	217 460.83	187 763.37	153 405.83
债券 / 亿元	358 101.70	218 268.79	169 107.13
优先股 / 亿元	1 138.47	838.05	2 529.74
期权 / 亿元	4 551.59	6 475.22	8 233.28
回购 / 亿元	4 040 241.47	3 584 951.41	3 137 998.21
其他 / 亿元	284.19	0.00	0.00
日均成交金额 / 亿元	22 790.94	20 499.39	18 976.46

续表

市场概况	2023 年	2022 年	2021 年
日均股票成交金额 / 亿元	3 692.68	3 977.51	4 691.38
全年股票成交数量 / 亿股	73 207.82	80 457.78	86 295.55
日均股票成交数量 / 亿股	302.51	332.47	355.13
全年股票成交笔数 / 万笔	749 899.72	810 868.96	698 436.29
日均股票成交笔数 / 万笔	3 098.76	3 350.70	2 874.22

数据来源：上海证券交易所。

（四）外汇市场

截至 2023 年末，人民币对美元汇率中间价收于 7.0827，较上年末贬值 1.67%。CFETS、参考国际清算银行（BIS）货币篮子和参考特殊提款权（SDR）货币篮子人民币汇率指数年末分别收于 97.42、102.42 和 93.23，较上年末分别下降 1.27%、1.21% 和 2.97%（见图 2-9）。

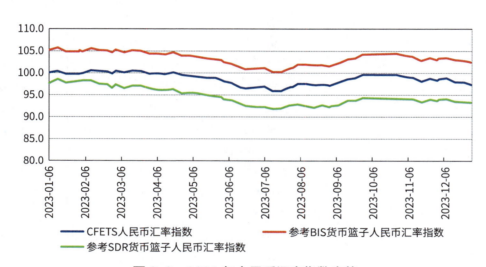

图 2-9　2023 年人民币汇率指数走势

（数据来源：中国外汇交易中心）

2023 年，银行间外汇现货及衍生品市场成交总量折合人民币 294.7 万亿元，同比增长 7.9%。其中，外汇即期市场成交 64.6 万亿元，同比增长 10.9%；外币货币市场成交 65.4 万亿元，同比下降 6.2%；外汇衍生品市场成交 164.7 万亿元，同比增长 13.4%。

（五）黄金市场

交易规模稳中有增。2023 年，上海黄金交易所总交易金额 19.53 万亿元。在主要交易方式上，竞价业务成交金额 4.72 万亿元，询价业务成交金额 14.19 万亿元，定价成交金额 6 177.38 亿元。在交易品种上，黄金成交金额 18.57 万亿元，成交量 4.15 万吨；白银成交金额 9 418.43 亿元，成交量 17.06 万吨；铂金成交金额 171.18 亿元，成交量 77.34 吨。上海黄金交易所国际板成交金额 2.52 万亿元。其中，黄金成交金额 2.31 万亿元，成交量 5 219.41 吨；白银成交金额 0.21 万亿元，成交量 38 434.95 吨。

从市场交易结构看，一是询价交易规模稳步上扬，定价交易规模基本持平。询价成交金额同比增长 27.71%，市场占比为 72.66%。定价成交金额市场占比为 3.16%。租借业务全年累计借出黄金 2 324.59 吨，同比增长 8.28%。黄金 ETF 成交金额 3 155.58 亿元，成交量 726.83 吨。二是国际会员规模持续增加。全年新招募国际会员 8 家，截至 2023 年末，国际会员达 103 家，国际客户有 73 家，覆盖商业银行、投资机构、券商、精炼企业、贸易

公司等多种类型。

（六）期货市场

1. 商品期货市场

2023 年，上海商品期货市场成交期货、期权合约共 22.27 亿手，成交额 187.21 万亿元，同比分别上涨 14.59% 和 3.26%，占全国期货市场的比重分别为 26.20% 和 32.93%（见图 2-10 和表 2-8）。

图 2-10　2002—2023 年上海商品期货市场成交量与成交额

（数据来源：中国期货业协会）

2023 年，上海商品期货市场继续在全球期货市场中占重要地位。根据期货业协会（Futures Industry Association）统计的全年成交量数据，上海期货交易所排全球第 10 名。若仅统计 2023 年场内商品衍生品的成交手数，上期所排全球第 3 名。

表 2-8　2023 年上海商品期货市场交易情况

分类	品种	2023 年累计成交总量 / 手	同比增减 /%	占全国份额 /%	2023 年累计成交总额 / 亿元	同比增减 /%	占全国份额 /%
有色金属	铜	38 816 257	−16.52	0.46	131 585.78	−13.75	2.31
	铜（BC）	5 798 963	4.46	0.07	17 499.85	6.90	0.31
	铜期权	20 605 099	70.09	0.24	357.16	9.09	0.01
	铝	76 540 221	−23.44	0.90	71 026.36	−29.20	1.25
	铝期权	24 908 803	118.57	0.29	129.83	20.17	0.00
	锌	54 857 681	−19.72	0.65	58 296.48	−31.14	1.03

续表

分类	品种	2023 年累计成交总量 / 手	同比增减 /%	占全国份额 /%	2023 年累计成交总额 / 亿元	同比增减 /%	占全国份额 /%
有色金属	锌期权	21 725 967	161.30	0.26	157.28	57.49	0.00
	铅	20 029 393	-0.14	0.24	15 913.04	3.60	0.28
	镍	65 415 198	25.58	0.77	106 292.54	9.58	1.87
	锡	39 444 206	32.77	0.46	83 578.35	24.91	1.47
	氧化铝	13 679 753	—	0.16	8 198.61	—	0.14
贵金属	黄金	52 731 024	35.15	0.62	238 462.15	55.37	4.19
	黄金期权	9 380 318	126.19	0.11	320.64	124.45	0.01
	白银	239 277 772	26.76	2.81	200 405.77	48.26	3.53
	白银期权	26 901 857	34 421.87	0.32	229.11	18 425.67	0.00
黑色金属	螺纹钢	502 039 529	-4.41	5.91	194 352.47	-11.98	3.42
	螺纹钢期权	58 347 337	23 649.52	0.69	239.3	11 454.79	0.00
	线材	38 862	140.45	0.00	16.69	111.82	0.00
	热轧卷板	151 521 192	6.66	1.78	59 893.11	-3.10	1.05
	不锈钢	43 178 557	19.61	0.51	32 414.31	1.78	0.57
能源化工	原油	49 545 477	-7.53	0.58	287 819.40	-17.55	5.06
	原油期权	14 275 227	116.26	0.17	898.61	41.31	0.02
	低硫燃料油	51 611 671	26.37	0.61	21 426.06	7.27	0.38
	燃料油	252 884 063	20.16	2.97	78 786.50	14.79	1.39
	石油沥青	106 990 118	-34.19	1.26	39 825.25	-37.53	0.70
	丁二烯橡胶	11 550 987	—	0.14	7 502.99	—	0.13
	丁二烯橡胶期权	5 184 790	—	0.06	45.57	—	0.00
	天然橡胶	86 769 150	8.95	1.02	113 225.27	8.47	1.99
	天然橡胶期权	12 070 804	125.60	0.14	211.66	90.16	0.00
	20 号胶	19 456 285	43.15	0.23	19 811.26	37.91	0.35
	纸浆	125 804 767	55.01	1.48	71 545.98	29.85	1.26
指数	集运指数（欧线）	25 576 515	—	0.30	11 676.08	—	0.21
合计		2 226 957 843	14.59	26.20	1 872 143.50	3.26	32.93

数据来源：中国期货业协会。

注：原油期货和期权以及铜（BC）、低硫燃料油、20 号胶期货、集运指数（欧线）在上期所子公司上海国际能源交易中心挂牌交易。

2. 金融期货市场

2023 年，金融期货市场累计成交量 1.68 亿手，占全国期货市场成交量的 1.98%，成交量同比增长 10.85%；全年累计成交金额 133.17 万亿元，占全国期货市场成交金额的 23.42%，成交金额同比增长 0.10%。

2023 年，沪深 300、上证 50、中证 500、中证 1000 四个股指期货产品总成交量 7 005.38 万手，同比减少 5.96%；总成交金额 77.12 万亿元，同比减少 10.69%；日均成交量 28.95 万手，同比减少 5.96%（见图 2-11）；日均持仓量 84.36 万手，同比增长 24.20%（见图 2-12）；日均成交持仓比 0.34，持续处于较低水平。股指期货四个产品期现货价格相关性高，沪深 300、上证 50、中证 500、中证 1000 股指期货主力合约收盘价和对应标的指数收盘价的价格相关系数分别为 99.83%、99.72%、99.75% 和 99.70%。

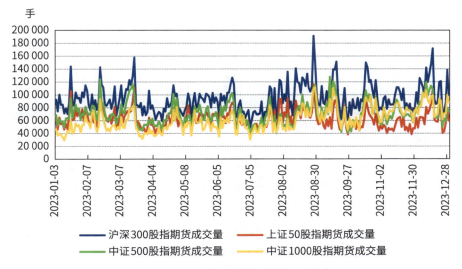

图 2-11　2023 年股指期货每日成交量

（数据来源：中金所）

图 2-12　2023 年股指期货每日持仓量

（数据来源：中金所）

2023 年，2 年期、5 年期、10 年期和 30 年期四个国债期货产品总成交量 4 567.39 万手，总成交金额 55.78 万亿元，同比分别增长 17.67% 和 20.17%；日均成交量、日均持仓量分别为 18.87 万手和 39.91 万手，同比分别增长 17.67% 和 12.36%；日均成交持仓比 0.47，持续处于合理水平（见图 2-13、图 2-14）。国债期现货价格联动紧密，2 年期、5 年期、

10 年期、30 年期国债期货主力合约与现货价格相关性分别达到 96.12%、97.75%、98.22% 和 99.87% 以上。2023 年，国债期货顺利完成 15 个合约的交割，共计交割 40 367 手，平均交割率为 3.19%，交割平稳顺畅。

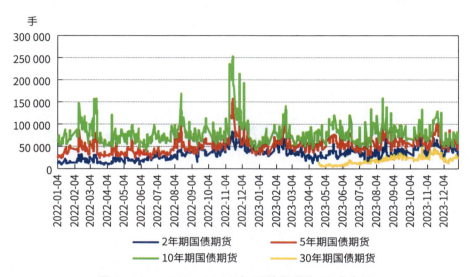

图 2-13　2022—2023 年国债期货每日成交量

(数据来源：中金所)

图 2-14　2022—2023 年国债期货每日持仓量

(数据来源：中金所)

2023 年，沪深 300、上证 50、中证 1000 三个股指期权产品总成交量 5 261.23 万手，日均成交量 21.74 万手，同比增长 36.47%；累计成交面值 17.69 万亿元，日均成交面值 958.57 亿元，同比增长 31.11%；权利金总成交金额 2 691.25 亿元，同比增长 1.81%；日均持仓量 36.0 万手，同比增长 70.71%；日均成交持仓比 0.60，处于较低水平（见图 2-15、图 2-16）。股指期权产品期现货价格相关性高，沪深 300、上证 50、中证 1000 股指期权当月平值合约合成期货价格与对应标的指数收盘价的价格相关系数分别为99.92%、99.84%和99.91%，与对应股指期货当月合约收盘价

的价格相关系数分别为99.99%、99.99%和99.99%。

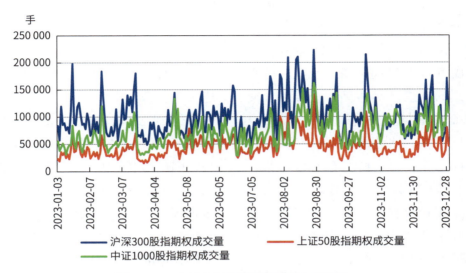

图 2-15 2023 年股指期权每日成交量

（数据来源：中金所）

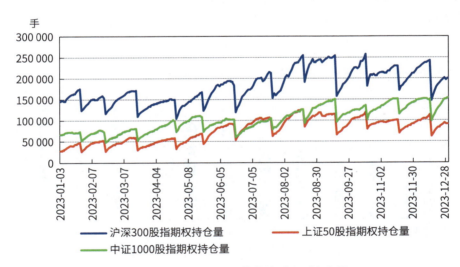

图 2-16 2023 年股指期权每日持仓量

（数据来源：中金所）

（七）金融衍生品市场

2023 年，银行间利率衍生品成交 32.0 万亿元，同比增长 50.1%。其中，利率互换成交 31.5 万亿元，同比增长 50.2%；债券远期（含标准债券远期）共成交 3 137.0 亿元。利

率互换参考利率以 FR007 和 Shibor 为主。以 FR007 和 Shibor 为标的的利率互换交易量占比达 99.1%，其中，以 FR007 为标的的利率互换成交 28.9 万亿元，占交易总量的 91.7%。从期限结构看，1 年期及 1 年期以下期限品种共成交 21.8 万亿元，占总量的

69.0%；1~5年期期限品种共成交2.5万亿元，占总量的7.8%；5~10年期期限品种共成交7.3万亿元，占总量的23.1%。

2023年，上交所股票期权市场总体运行平稳，规模稳步增长。6月，上交所在已有产品的基础上推出两只科创50ETF期权，至此，基本形成覆盖A股超大盘、大盘、中盘及科创板股票的期权产品体系。全年，上交所ETF期权合约累计成交9.9亿张，其中，认购期权5.27亿张，认沽期权4.63亿张，日均成交409.41万张，日均持仓548.31万张。累计成交面值32.73万亿元，日均成交面值1 352.60亿元；累计权利金成交4 551.59亿元，日均权利金成交18.81亿元。上证50ETF期权、沪深300ETF期权和中证500ETF期权已经成为全球主要的ETF期权品种。随着上交所期权市场稳步发展，越来越多的投资者使用期权进行保险和增强收益，保险和增强收益的

交易占比分别达到了8.72%和57.79%。2023年，市场日均受保市值为324.22亿元，同比增长23.77%，单日受保市值最高达到433.87亿元。

（八）银行卡

银行卡数量稳健增长，跨行交易规模增速回升。截至2023年末，全国共开立银行卡97.87亿张，同比增长3.26%，增速较上年提高0.76个百分点；全国人均持有银行卡6.93张，同比增长3.28%（见图2-17）。银联受理网络已延伸到境外182个国家和地区，进一步巩固了上海在全球银行卡产业中资源聚集高地和支付创新中心的地位。2023年，银联网络处理的交易笔数和金额分别为3 482.9亿笔和288.9万亿元，同比分别增长25.9%和11.3%。

图2-17　2013—2023年国内银行卡在用发卡量及增速

（数据来源：中国银联）

银联在上海的转接清算系统汇集并处理全球银联卡跨行交易，以及众多支付机构"断直连"交易，系统处理能力、安全性、兼容性、稳定性不断提升，核心系统处理能力达到全球领先水平。作为银联总部所在地，上海地区实现的银联网络清算交易在2023年达

7.7亿笔和23.6万亿元，金额增速高于全国水平。2023年上海地区累计发卡总数达2.09亿张，同比增长4.8%，其中，年内新增发卡1 388万张，同比增长11.7%。

受理环境建设持续优化，不断提升支付服务便利性。2023年，银联严格落实《关于

加强支付受理终端及相关业务管理的通知》《关于加强收单外包服务市场规范管理的意见》等规范管理要求，加强支付市场风险联防联控。上海地区银行卡受理方面，银联与人民银行分支机构、上海市政府相关部门建立对接机制，密切关注入境人士支付需求，优化受理环境、完善产品方案、加强服务宣传，持续提升境外人士来沪支付体验。针对未持有境外银联卡的用户，银联推出旅行通卡产品，支持其在线下银联标准码商户及线上商户支付。针对通过外卡充值费率较高的问题，协调合作商业银行实行充值费率补贴，建设银行、海峡银行、兴业银行等多家银行均推出了零费率充值产品，提升旅行通卡产品体验，满足境外人士入境支付需求。

四、金融创新和对外开放

（一）金融业的金融创新和对外开放

1. 银行业保险业

科技金融方面：2023 年，各银行保险机构根据科技企业的特点，优化组织机构，推动科技专营，完善科技支行管理办法，以适应科技型企业的需求。通过创新融资产品，如信用贷款、股权投资、债券融资和科技租赁，提供一体化金融解决方案。同时，通过整合资源，推动"股贷债保"协同发力，为科创企业提供多元化金融服务。银行业在知识产权质押融资、员工股权激励贷款等领域进行了创新和试点，已服务临港新片区内 6 家科技型企业，为企业人才参与股权激励发放专项贷款累计近 1 亿元。在全国率先将设在临港的金融租赁项目公司的租赁物范围扩展到集成电路产业链设备，累计向 4 家集成电路企业投放租赁资产 4.14 亿元。保险业为科技型企业提供了丰富的保险产品和服务，

涉及科技研发、市场转化、市场应用、网络安全等多个方面，为企业提供全方位的风险保障。上海市科技型企业贷款增长显著，体现出银行业对科技创新的强大支持力度。一是业务增长快。截至 2023 年末，上海科技型企业贷款存量户数为 2.99 万户，较年初增长 49.99%；贷款余额为 10 486.31 亿元，较年初增长 52.14%。科技型中小企业贷款存量户数为 2.63 万户，较年初增长 73.79%；贷款余额为 4 756.47 亿元，较年初增长 92.70%。二是信贷重心向小微、民营企业和初期阶段企业倾斜。科技型中小企业在全部科技型企业中的占比超过 80%。银行对科技型企业的信贷支持以中小微企业、中小额度为主，对于成长期及以前企业、民营企业，银行敢贷愿贷意愿较强。三是知识产权质押融资业务上量起步。截至 2023 年末，上海知识产权质押融资贷款余额为 128 亿元，较年初增长近 60%。四是科技型企业全生命周期产品体系初步建立。指导辖内金融机构针对科技型企业不同发展时期的特点和需求，配套推出适用于科技型企业全生命周期的科技金融专属产品和服务，为企业提供全方位的综合金融服务。五是科技金融生态圈初步建成。上海科技金融业务渠道包括政府部门、园区、投资机构、科研院所，金融机构还与行业协会、核心企业等渠道建立紧密联系。例如，与上海市科委、科创中心合作推出履约贷、高企贷、科创助力贷等产品及各项活动；与上海市经信委合作开展"专精特新"千家百亿计划、专精特新"小巨人"专项金融服务活动；与上海市担保中心合作制订"浦江之光"专项服务方案并推出创业担保贷款等产品和服务。截至 2023 年末，上海"专精特新"企业贷款余额为 2 825.61 亿元，较年初增长 72.39%。专精特新"小巨人"企业贷款余额为 801.73 亿元，

较年初增长 68.10%。高新技术企业贷款余额为 6 400.35 亿元，较年初增长 35.24%。

绿色金融方面：2023 年，上海银行业保险业大力推进绿色金融发展，绿色融资余额达到 14 295.93 亿元，年增长率为 34.20%，绿色信贷余额占各项贷款的比重提高至 12.54%。为有效推进绿色金融发展，上海各银行机构在组织架构和工作机制上做了大量工作，成立绿色金融委员会、专门团队，加强与政府和其他机构的合作。同时，银行机构通过差异化授权、调整风险权重、实施优惠价格和配套考核激励政策，以优先支持绿色项目。银行业还加强了绿色信息披露和风险管理体系建设，推动环境信息的透明化和企业的环境、社会和治理（ESG）责任落实；通过创新绿色金融产品和服务，加大对绿色项目的支持，促进产业升级和区域经济增长；聚焦新技术产业链，拓展合作圈，推动长三角地区的绿色一体化发展。保险公司积极推动绿色金融产品与服务创新，探索推出了海上风电风险平台、环境污染责任保险试点项目、户用储能系统保险产品等。在探索碳金融领域，各银行保险机构通过发展绿色债券和创新碳普惠项目，促进绿色可持续发展投资，积极践行绿色运营，通过建设绿色网点、开展环境碳盘查等措施，减少运营中的能源消耗，加强绿色宣传和培训，提升员工的绿色金融专业能力。

普惠金融方面：不断优化完善普惠金融政策支持体系、改善信贷结构、推进数字普惠建设等多方面工作；持续推动银行机构实施多层次金融纾困解难题的策略，如完善评估奖补机制，促进银行敢贷愿贷，启动"万千工程"，打通金融服务"最后一公里"，做实纾困帮扶，助力扩大内需和稳定就业。通过无缝续贷的精准滴灌，加上减费政策，有效减轻了企业的负担。截至 2023 年末，普惠型小微企业贷款余额达到 11 310.86 亿元，较年初增加 2 157.32 亿元，增幅为 23.57%，小微市场的资金需求得到了有效的满足；保险机构通过专业保险顾问角色，深入理解并满足中小微企业和新市民的特定保险需求，推动普惠保险提供多层次、多角度保障和服务。

养老金融方面：银行业保险业面向老年人、城市低收入人群、残疾人等群体发展了普惠信贷和保险产品。推出养老储蓄存款、养老理财、专属养老保险等产品，持续推动个人养老金发展、住房反向抵押养老保险试点。上海保险机构积极承办大病保险、参与长期护理保险制度试点服务。同时，上海银行保险机构参与养老服务业建设，推动养老社区发展，拓宽养老服务投融资渠道，在信贷、保险保障等方面给予养老服务机构支持。上海银行业还推出了包括网点敬老化、服务适老化、产品多样化在内的举措，提供针对性的金融服务，探索"住房租赁+养老"模式，创新趸租养老服务，提供充足的资金支持养老生活改善。

数字金融方面：不断提升数字化监管水平，建设统一的大数据门户、推进数字平台建设和打造智慧监管体系；推动上海保险码二期功能上线，为市民提供便捷的医保和保险服务。银行保险机构加强数字化战略布局和顶层设计，通过调整组织架构和设立数字金融专业团队，推动业务模式创新。围绕服务客户和赋能员工，重塑业务经营模式，建设智能金融环境，提高金融服务的效率和质量。聚焦数字技术的运用，拓展金融服务模式，通过搭建数字平台和利用数字产品，为客户提供更个性化、定制化、智能化的服务，持续提升用户体验。

助力上海国际再保险中心建设。国家金

融监督管理总局与上海市联合印发《关于加快推进上海国际再保险中心建设的实施细则》（以下简称《实施细则》），并在陆家嘴论坛上发布。配合金融监管总局建立机构审批专向通道，对行业广泛开展《实施细则》宣讲和机构设立辅导，已累计设立 18 家再保险专营机构。联合印发《中国（上海）自由贸易试验区临港新片区支持再保险国际功能区建设的若干措施》，推动临港国际再保险功能区配套营商支持政策落地。深入指导上海保交所国际再保险业务平台建设以及登记、交易、清结算、偿付能力等配套制度规则制定，协助举办上海国际再保险论坛。安盛天平财产保险有限公司在第六届进博会上完成了再保险"国际板"首单国际再保险分入跨境交易。

服务国际航运中心建设。自主承保国产首艘大型豪华邮轮"爱达·魔都号"建造和试航；持续争取航运保险营商环境优化。创建一套航运保险四维一体的综合评价指标体系，对 3 家头部航保中心开展现场评估，提升财政资金使用效能。2023 年，上海船货险原保险保费收入 54.49 亿元，同比增长 11.15%，全国占比为 18.06%。

聚集提升金融机构辐射效能。一是吸引外资银行机构来沪发展。截至 2023 年末，上海共有来自 37 个国家和地区的外资法人银行 21 家、外资银行分行 63 家、外资银行代表处

53 家。二是推动在临港新片区新设更多中外资银行保险机构。临港新片区内共有中外资银行分行 9 家、支行 18 家。其中，上海银行自贸区分行、平安银行临港支行、渤海银行临港支行、富邦华一银行上海临港新片区支行均为年内新设。保险机构方面，临港新片区内有保险公司（含分公司、支公司）5 家、保险经纪公司 8 家、再保险运营中心 15 家。其中，国元农业保险自贸区分公司、阳光保险经纪（上海）有限公司、汇丰保险经纪上海分公司和 15 家再保险运营中心均为年内新设。三是推动优质专营机构和资管机构落地上海，头部汇集效应持续显现。截至 2023 年末，信用卡、资金中心、票据营业部、私人银行和合资理财公司 5 类机构已增至 43 家，资产合计 11.80 万亿元，在沪纳税金额超 250 亿元，上海地区异地专营机构数量占全国异地专营机构总数的比重已达 70%。

互联互通资本市场，持续推动双向开放。2023 年，上海共有 7 家外资法人银行协助中资企业境外发债，金额合计 2 222.06 亿元。其中，花旗银行（中国）协助 12 个企业客户在境外发行债券，总金额达 1 011.77 亿元。东方汇理银行（中国）协助母行香港分行通过中国外汇交易中心达成首笔境外银行参与的日元回购交易，盘活境内人民币债券资产，降低外币融资成本。

专栏 2　推进临港新片区科技保险创新引领区建设

按照《上海市建设科创金融改革试验区实施方案》的要求，加快临港新片区科技保险创新引领区建设，以三大先导产业和上海有特点有优势的六大重点产业为切入口，支持上海加快构建现代化产业体系。一是推动

原银保监会与上海市政府联合印发的《中国（上海）自由贸易试验区临港新片区科技保险创新引领区工作方案的通知》（以下简称《工作方案》）的实施。为推进《工作方案》顺利实施，国家金融监督管理总局上海监管

局积极协调有关部门共同研究推出了一系列鼓励科技保险创新的人才激励和财税支持措施。二是创新新兴产业风险保障服务方式。截至 2023 年末，集成电路共保体成员单位已扩展至 21 家险企，2023 年为 24 家集成电路企业提供风险保障金额达 1.34 万亿元，累计已为 57 家次集成电路企业提供保险保障近 2.2 万亿元。优化上海生物医药临床试验责任保险试点方案，为 196 家创新药企及科研单位累计 1 300 余个项目提供风险保障超 60 亿元。三是推动上海科技型企业创新创业，创新推出科技企业创业责任保险试点。2023 年为 50 家孵化器科技园区中 295 家入驻企业提供风险保障近 3 000 万元。同

时，积极推进知识产权保险产品和服务创新，全年为上海科技型中小微企业承保专利数量 3 559 件，为制造业、信息技术及生物医药等企业提供各类知识产权保险 908 单，提供风险保障超 3 亿元。四是助力上海城市数字化转型。指导上海财险业持续深耕"保障＋科技＋服务"的网络安全保险新业态，不断优化事前风险评估、事中风险监测、事后应急处置的全流程保险服务，《网络安全保险服务规范》获评 2023 年上海市团体标准优秀典型案例。全年为各类企事业单位提供网络安全风险保障超 133 亿元，为上海城市数字化转型保驾护航。

2. 证券期货业

上海证券公司主动对接科技创新、绿色低碳等国家战略。2023 年，共保荐 105 家企业 IPO 上市，融资规模达 1 320.5 亿元，其中，服务 28 家"硬科技"企业登陆科创板，培育了一批拥有核心技术创新能力的优质企业。同时，主承销债券规模达 1.5 万亿元。其中，9 家证券公司完成 244 个科创债项目，金额 944.9 亿元；9 家证券公司承销绿色债券 273 只，金额 1 138.5 亿元。

上海公募基金管理人积极响应公募基金费率改革号召，主动降低旗下公募基金产品的管理费及托管费，2023 年内少收管理费 23.8 亿元，降费工作彰显实效。持续践行与持有人利益共享、风险共担的理念，6 家基金公司率先发行 7 只浮动管理费产品，着力提升投资者获得感。

上海期货公司持续完善"保险＋期货"业务模式，助力服务"三农"国家战略。2023 年，上海 19 家期货公司及其风险管理子

公司开展 1 209 单"保险＋期货"业务，其中，完成赔付 779 单，赔付金额 5.6 亿元。同时，上海期货公司着力提升风险管理业务水平，加大服务产业客户力度，综合利用基差贸易、仓单服务等工具为实体企业提供定制化、个性化风险管理服务。例如，积极利用新上市的集运指数期货帮助航运产业链企业管理风险、稳定预期。

对外开放方面，继贝莱德基金、路博迈基金和富达基金后，施罗德基金、联博基金于 2023 年相继开业，安联基金获得中国证监会核准设立的批复。截至 2023 年末，上海共有外资独资证券公司 1 家，外资控股证券公司 3 家；外资独资基金管理公司 6 家，合资基金管理公司 22 家；合资期货公司 1 家；外商独资私募证券投资基金管理人（WFOE PFM）29 家，占全国的 83%。

上海多家证券基金期货经营机构开展海外或跨境业务。截至 2023 年末，共有 5 家上海证券公司在香港设立子公司。已有 3 家证

券公司（国泰君安证券、海通证券、申万宏源证券）获准开展跨境业务试点。已有 10 家上海基金管理公司在美国（2 家）新加坡（2 家）、中国香港（10 家）等地获批筹建或设立子公司。其中，10 家中国香港子公司开展资管业务，管理产品 57 只，规模 258 亿元，其中，人民币合格境外机构投资者（RQFII）产品 11 只，规模 10.21 亿元；4 家中国香港子公司开展 7 单投顾业务，规模 8.93 亿元。汇丰晋信基金有 10 单海外投顾业务，规模 50.34 亿元。多家基金管理公司积极开展基金互认业务，7 家基金管理公司 16 只基金产品在中国香港销售，在中国香港累计保有金额 7.8 亿元；8 家基金管理公司获得中国香港基金内地销售代理资格，累计代理或代销 25 只基金产品，在内地累计保有金额达 124.29 亿元。多家期货公司积极赴境外开展国际化经营，已有 1 家期货公司在中国香港设立子公司，2 家期货公司在新加坡设立子公司。同时，上海期货公司积极推进特定期货品种的市场开发，大力拓展境外投资者参与境内商品期货期权等特定品种的交易，提升境内期货市场的国际影响力。

（二）金融市场的金融创新和对外开放

1. 货币市场

优化买断式回购品种，接轨国际市场交易惯例。自 2023 年 10 月起，外汇交易中心与后台托管机构全面支持买断式回购多券交易品种。该品种与境外主流回购模式更为接近，是国际经验在我国实践的重要创新，有助于促进回购债券的流通使用。

供应链票据助推产业经济提质升级。2023 年，上海票据交易所（以下简称票交所）全面提升供应链票据服务效率和水平。支持向企业的开户机构实时发送供应链票据资金清算结果，实现平台持票企业通过开户机构实时收取到期资金回款，提高企业资金周转效率。实现供应链票据客户端功能与新一代票据业务系统客户端功能的融合，新增保证、质押、追索等客户端功能，为中小金融机构参与供应链票据承兑、流转、融资、交易至到期处理的全生命周期业务提供了系统支持。同时，票交所不断加强供应链票据风险防控机制建设。截至 2023 年末，共有 24 家供应链平台与票交所完成系统对接，登记企业 24 000 余家，各项业务合计突破 4 400 亿元。其中，2023 年接入供应链平台 7 家，供应链票据业务总量 2 234.66 亿元，同比增长 46.67%。

"贴现通"支持实体企业融资纾困。2023 年，"贴现通"系统功能持续优化，业务规模不断增长。在普惠金融方面，全年"贴现通"新增参与企业中，中小微企业占比达 90.47%；促成贴现票据中，100 万元及以下的小额票据张数占比达 45.36%；"贴现通"业务加权平均贴现利率为 1.80%，较 1 年期贷款市场报价利率（LPR）均值低 175 个基点，可为企业节约融资成本近 20 亿元。在科技金融方面，促成科技企业持有的票据贴现 132.60 亿元，同比增长 9.81%。在绿色金融方面，促成绿色企业持有的票据贴现 89.19 亿元，同比增长 5.69%。截至 2023 年末，"贴现通"累计登记企业超 2.5 万家，促成贴现突破 5 000 亿元。其中，2023 年"贴现通"新增登记企业 5 000 余家，促成贴现 2 237.19 亿元，同比增长 33.35%。

票据线上支付助力制造业减负增效。2023 年，票交所以市场需求为导向，以提高线上票据支付业务普适性为目标，优化参与机构接入流程，不断迭代新"票付通"功能，上线智能分包支付、快捷支付等功能，持续释放各参与主体业务潜能。2023 年，科技制造业企业"票付通"参与数量以及业务量占比分别达到 62.7% 和 86.90%；盘活小微科技制造企业存量票据近 5 亿元，有效缓解小微企业现金占用压力；以服务制造业为主的工业品采购平台业务量较上年增长 33.9%。截至 2023 年末，累计 11 家合作金融机构、210 家电票接入机构、44 家 B2B 平台参与"票付通"，累计发起支付订单 1 058.6 亿元，完成票据支付 799.5 亿元。其中，2023 年发起支付订单 132.58 亿元，完成票据支付 123.46 亿元。

2. 债券市场

绿色金融体系建设持续发力。2023 年 7 月，外汇交易中心联合中国金融学会绿色金融专业委员会（绿金委）发布首批次中欧《可持续金融共同分类目录》（以下简称《共同分类目录》）的中国存量绿色债券清单，此后每月发布一次。同时，外汇交易中心发布 CFETS 共同分类目录绿色债券指数。年内，首只绿债指数基金"招商 CFETS 银行间绿色债券指数基金"发行成立。截至 2023 年末，经专家组认证的银行间市场发行的符合中欧《共同分类目录》的中国存量绿色债券共 259 只，其中 219 只在存续期内。银行间绿色债券成交近 1.5 万亿元。CFETS 绿债指数达到 9 只。

推出债券组合交易业务（债券篮子）。外汇交易中心推出债券组合交易机制，支持创设机构向境内外投资者提供一篮子债券的一站式报价交易服务，有效提升资产配置及策略执行效率，着力解决部分个券流动性不足、交易困难的问题，助力境外机构多元化配置中国债券。截至 2023 年末，共有 35 家做市商及活跃交易商发布了 87 只债券篮子，其中包括 14 只挂钩指数的篮子及 73 只自定策略的篮子，共达成 649 笔总计 806.4 亿元篮子成交，共有 115 家境内外投资者参与。债券利差交易共成交 14 250 组，成交债券总量达 4 887.1 亿元，成交覆盖跨品种、跨期限、新老券 3 大类策略的 83 个产品。

扩大金融债线上发行覆盖范围，引入报价发行机制。2023 年以来，外汇交易中心进一步加强推广金融债券线上发行业务，并首推报价发行机制，进一步提升金融债发行效率和透明度。全年，外汇交易中心为 73 家发行人提供金融债券线上发行服务，支持金融债券发行 130 只，合计金额 10 449 亿元，同比增长 146%，占当年金融债发行总量的 36%。发行人与债券类型进一步丰富，发行人新增保险公司、消费金融公司、境外金融机构等类型，债券类型新增熊猫债、保险公司资本补充债、保险公司永续债、金融租赁公司小微债和消费金融公司金融债等。创新金融债发行方式，支持机构完成首批金融债券报价发行，发行量共计 430 亿元，银行、券商、基金、资产管理人等各类投资人直接参与投资，有效提升了金融债券发行的市场化程度和效率，促进一级、二级市场联动。

优化境外机构投资环境，提升境外投资者业务开展便利性。新增 3 家在华外资金融机构成为债券通报价机构。拓展直投模式下直接交易服务的适用机构范围至所有境外机构投资者。外汇交易中心联合境内登记托管机构和债券通公司推出北向通交易结算失败一站式线上报备服务，提升结算失败报备效率。发布《关于落实完善境外机构投资者等投资中国债券市场有关资金管理安排的公告》，通过多级托管、结算代理等模式直接投资中国债券市场的境外机构投资者和境外央行类机构，可申请成为银行间外汇市场会员开展即期结售汇和外汇衍生品交易。截至 2023 年末，境外交易账户数较上年增加 350 个至 5 486 个，其中，法人机构增加至 1 124 家。

全年，境外机构在银行间市场共成交 55.5 万亿元，同比略降 1.0%。其中，现券买卖共成交 15.3 万亿元，同比增长 14.8%，占现券市场全部交易的 2.5%，境外机构全年在现券市场累计净买入 1.5 万亿元，较上年（182.7 亿元）大幅增长。

上交所债券做市业务正式上线。首批债券做市标的包括基准利率债和基准高等级信用债，做市商可以自选做市标的。截至 2023 年末，共有主做市商 11 家，一般做市商 4 家；基准做市利率债 21 只，基准做市信用债 102 只。2023 年，基准做市券日均交易量约 600 亿元，约占上交所债券现券交易量的四成，带动上交所债券现券交易量上涨 64%，其中，利率债上涨 10 倍、公司债上涨 32%。中证指数已发布 2 只"上证基准做市债券指数"，华夏基金已设立 ETF 产品跟踪上述指数并上市。

持续完善"一带一路"债券、熊猫债投融资服务体系。2023 年 10 月 20 日，为了发挥专项品种公司债券服务国家战略及实体经济的功能，上交所修订发布《上海证券交易公司债券发行上市审核规则适用指引第 2 号——专项品种公司债券》。同时，首次将境外优质发行主体纳入上交所知名成熟发行人名单并给予更多融资支持措施。2023 年，共受理"一带一路"债券 114 亿元，成功发行"一带一路"债券 14 只，发行规模合计 91.31 亿元；受理熊猫债申报规模 430 亿元；成功发行熊猫债 8 只，发行规模合计 64.50 亿元。

3. 股票市场

注册制改革全面落地。2023 年 2 月 1 日，上交所发布《关于全面实行股票发行注册制相关审核工作衔接安排的通知》，稳步推进全面注册制，并就全面注册制配套业务规则向社会公开征求意见。2 月 17 日，上交所正式发布 26 部与全面实行股票发行注册制相配套的业务规则、指引及指南，涵盖了全面实行注册制下的主要制度安排。4 月 10 日，沪深交易所主板注册制首批企业上市仪式举行，标志着股票发行注册制改革全面落地。这是中国资本市场改革发展进程中的又一个重要里程碑，有助于营造国际一流投融资生态，提升上海国际金融中心能级，为我国实体经济高质量发展注入更为强劲的动力。

上证科创主题系列指数发布。2023 年 3 月 13 日，上交所和中证指数有限公司正式宣布发布上证科创板新能源指数、上证科创板工业机械指数、上证科创板长三角指数及上证科创板粤港澳大湾区指数等新一批上证科创主题系列指数。7 月 21 日，上交所和中证指数有限公司正式推出上证科创板 100 指数。目前，上交所和中证指数有限公司陆续发布了科创 50、科创 100、科创成长以及聚焦新一代信息技术、生物医药、芯片、新材料、高端装备等细分领域的主题指数，初步构建了覆盖规模、主题、策略等类别的科创板指数体系。

科创 50ETF 期权平稳上市。2023 年 6 月 5 日，上交所科创 50ETF 期权平稳上市。上市以来，两只科创 50ETF 期权整体交易平稳，投资者参与理性。全年总成交量 9 589.26 万张，日均成交量 67.53 万张，日均持仓量 136.70 万张；总成交金额 232.74 亿元，日均成交金额 1.64 亿元，总成交面值 9 386.30 亿元，日均合约成交面值 66.10 亿元。

持续优化完善沪港通机制。一是沪港通下股票标的范围扩容。2023 年，沪股通股票进一步拓展至沪市中小盘，市值覆盖率提升至 90.94%，沪港通下港股通股票与深港通下保持一致，并纳入满足条件的外国公司股票。3 月 13 日完成标的扩容后，沪股通股票达

1 192 只，新增纳入 598 只；港股通股票达 560 只，新增纳入 177 只，含 4 家外国公司股票。二是交易日历优化。自 2023 年 4 月 23 日起，沪港通下全部两地共同交易日放开交易，将沪港通每年无法交易的天数减少约一半。2023 年港股通新增 6 个交易日，沪股通新增 4 个交易日。自 2014 年开通以来，沪港通运行平稳、交易活跃，截至 2023 年末，累计成交金额达 74 万亿元。

推动互联互通存托凭证业务发展和机制优化。7 月 18 日，完成《上海证券交易所与境外证券交易所互联互通存托凭证上市交易暂行办法（2023 年修订）》修订并发布，明确境外上市备案制实施后全球存托凭证（GDR）发行配套流程及相关要求。2023 年实现新增 GDR 发行 6 家，完成融资 20.61 亿美元，同比增长 59.4%。自 2019 年沪伦通业务开通以来，已有 14 家沪市上市公司完成 GDR 发行并在境外上市，融资总额达 91.92 亿美元。

首批沪新 ETF 在上海、新加坡同步上市。2023 年 5 月 24 日，上交所与新加坡交易所签署 ETF 产品互通合作谅解备忘录。12 月 4 日，华泰柏瑞南方东英新交所泛东南亚科技 ETF 和南方东英华泰柏瑞上证红利 ETF 同步在上交所和新加坡交易所上市。首批沪新 ETF 同步在沪新两所挂牌上市，标志着沪新 ETF 互通正式启动。此次开展沪新 ETF 互通，进一步便利了跨境投融资，促进要素资源全球化配置，助力打造中国—东盟资本市场相互融合的新发展格局。沪市跨境 ETF 投资范围已涵盖美国、德国、法国、日本、韩国、新加坡和中国香港。

本土指数国际影响力、竞争力持续提升。2023 年，上交所和中证指数有限公司与新加坡交易所合作编制中证新交所亚洲新兴市场科技指数，编制发布中证全球半导体产业、中证全球智能驾驶主题等多条全球系列指数，同时与泰国交易所开展指数行情相互展示合作。2023 年末，上证、中证系列指数境外产品挂牌数量达到 90 只，规模超千亿元，其中，科创 50 指数在境外 7 个国家和地区挂牌 13 只产品。2023 年 11 月，上交所和中证指数有限公司举办 2023 年指数化投资交流会，在国际投资者大会设置多个指数和指数化投资相关圆桌论坛，增加指数在境外的曝光度及影响力。

专栏 3　科创板发展五周年

2023 年是上海设立科创板并试点注册制五周年。五年来，科创板以服务高水平科技自立自强为使命，聚焦支持"硬科技"企业，成为引领现代化产业体系、加快建设科技强国的重要力量，在支持和服务科技创新、培育壮大新质生产力、促进高质量发展方面取得阶段性成效。

一是聚焦服务战略性新兴产业，板块示范集聚效应显现。截至 2023 年末，上市科创板公司 566 家，集中于新一代信息技术、高端装备制造、生物医药、新能源、新材料、节能环保六大战略性新兴产业，合计 IPO 募集资金 9 025 亿元，占同期 A 股 IPO 募资总额超四成，再融资 1 561 亿元，合计融资额 10 586 亿元，有效引导资本向战略性新兴产业汇聚。经过五年发展，科创板在集成电路、生物医药、新能源等重点产业链上的示范效应和集聚效应越发显著，推动构建以行业龙头为引领、上下游企业协同的矩阵式产业集群。集成电路领域上市公司达 110 家，占 A 股同类上市公司的六成，形成链条完整、协同创新的发展格局。生物医药领域上市公司总数 111 家，重点介入癌症、艾滋病、乙肝、丙肝等治疗领域，成为美国、中国香港之外全球主要上市地，一批创新药企借助科创板加快发展。光伏、动力电池等新能源领域，碳纤维、超导材料等新材料领域，以及工业机器人、轨道交通设备等高端装备领域初具规模。

二是"硬科技"特色越发显著，助力高水平科技自立自强。科创板公司坚持创新驱动发展，持续加大创新要素投入力度。2023 年，科创板公司研发投入金额合计达到 1 561 亿元，同比增长 14%，研发投入占营业收入比例中位数为 12%，83 家公司研发强度连续三年超 20%。截至 2023 年末，累计 124 家次公司牵头或者参与的项目获得国家科学技术奖等重大奖项，六成公司核心技术达到国际或者国内先进水平；累计形成发明专利超 10 万项，其中，中芯国际、信科移动的专利均超过 1 万项。2023 年科创板公司在科技创新方面取得了一系列新进展、新突破。例如，龙芯中科推出新一代通用处理器龙芯 3A6000，标志着国产 CPU 在自主可控程度和性能上达到国际一流水平；铁建重工自主研制的全球最大直径盾构机主轴承成功下线，标志着国产超大直径主轴承研制及产业化能力跻身世界领先水平。作为科技创新型企业聚集地，科创板共有 340 家上市公司入选国家级专精特新"小巨人"企业名录，49 家公司被评为制造业"单项冠军"示范企业，40 家公司主营产品被评为制造业"单项冠军"产品，合计占板块公司总数超六成，有力支撑中国现代化产业体系建设和高水平科技自立自强。

三是聚焦高质量发展，为中国经济注入新动能。在聚焦科技创新、深耕主业的基础上，科创板上市公司保持业绩稳定较快增长。以 2019 年为基数，科创板公司近 4 年营业收入和净利润的复合增长率分别达到 23% 和 24%，其中，92 家公司营业收入和净利润复合增长率均超过 30%，187 家公司连续 4 年营业收入均实现增长，75 家公司连续 4 年净利润均为正增长，整体发展势头良好，持续为中国经济注入新发展动能。2023 年，科创板公司顶住多重压力，实现营业收入稳健增长，经营质量持续向好，毛利率水平保持高位，平均毛利率达到 42%；全年经营活动现金流净额合计 1 396 亿元，同比增长 14%，显示出良好的变现能力和回款效率。在践行"双碳"目标和履行社会责任上，科创板公司率先实现年报业绩说明会全覆盖，全部科创板公司均在年报中专章披露 ESG 信息，超 180 家公司单独披露社会责任报告或 ESG 报告。

四是畅通"科技—产业—资本"循环，形成服务"硬科技"的良好市场生态。科创板有效激发科学家创业热情，加速产学研融合。超六成科创板公司的创始团队为科学家、工程师等科研人才或行业专家，近三成公司实控人兼任核心技术人员，整体研发人员合计超 23 万人。科创板公司充分发挥资源优势，反哺基础研究，近四成科创板公司与高校、科研院所共建研发实验室，两成科创板公司设立博士后工作站，四成科创板公司与相关高校、科研院所建立联合人才培养机制。科创板引导资金向"硬科技"领域汇集，带动创投资本"投早、投小、投科技"。近九成科创板公司在上市前获得创投资本支持。科创板指数体系及产品持续丰富，市场影响力和认可度不断提升，引导更多社会资金流向国家重点支持领域。截至 2023 年末，围绕科创板推出 12 条指数，初步形成层次丰富且各有侧重的科创板指数体系。科创 50 指数 ETF 规模突破 1 443 亿元，较 2022 年末增长 81%。

4. 外汇市场

延长银行间外汇市场交易时间。自 2023 年 1 月 3 日起，银行间人民币外汇市场交易时间从北京时间 23：30 延长至次日 3：00，覆盖亚洲、欧洲和北美市场更多交易时段。

推进继续减免货币对手续费。外汇交易中心于 7 月 21 日发布《关于继续暂免部分直接交易货币对交易手续费的通知》，继续暂免人民币对新加坡元、卢布、林吉特、新西兰元、南非兰特、沙特里亚尔、阿联酋迪拉姆、波兰兹罗提、匈牙利福林、土耳其里拉、韩元和泰铢 12 个直接交易货币对竞价和询价交易手续费，助力共建"一带一路"高质量发展。

推出外币对中央对手清算业务。外汇交易中心与银行间市场清算所股份有限公司合作推出外币对交易中央对手清算业务，为在外汇交易中心平台达成的外币对询价和撮合交易提供中央对手方清算服务，扩大外币对交易集中清算范围，有助于防范清算风险，进一步提高清算效率，上线首月已有 20 余家机构参与业务。

推出外汇掉期回测及仿真交易平台服务。为提升银行间外汇市场自动化交易水平，回测及仿真平台在即期产品基础上新增掉期产品，支持参与机构进行外汇掉期策略回测验证及调优，通过掉期交易接口接入仿真交易平台开展模拟交易，满足会员外汇掉期程序化交易策略研究和技术储备要求。

专栏 4　延长银行间外汇市场交易时间　提升外汇市场对外开放水平

为扩大金融高水平开放，稳慎扎实推进人民币国际化，在人民银行和外汇局的指导下，外汇交易中心于 2023 年将人民币外汇市场、外币对市场和外币货币市场交易时间延长至次日 3：00。此次交易时间的延长，对外汇市场的发展具有重要意义。

首先，切实提升境外机构投资中国市场的便利性。延长交易时间前，银行间外汇市场交易时间为每日 7：30 至 23：30，覆盖了亚洲和欧洲等地区的日常交易时段以及北美上午的交易时段，但与美元、欧元等支持全球 24 小时连续交易的货币相比仍有一定差距。此次将交易时间延长至次日 3：00，交易时间覆盖北美下午交易时段，可有效满足全球不同时区会员机构的外汇交易需求。

其次，进一步提升人民币可自由使用程度。近年来，随着不断的改革创新、扩大开放，我国外汇市场稳健运行的基础持续夯实，国际竞争力和影响力不断提升，人民币于 2016 年 10 月加入 SDR 货币篮子，正式成为国际官方储备货币。2022 年，国际货币基金组织完成了五年一次的 SDR 定值审查，人民币在 SDR 篮子中的权重由 10.92% 上调至 12.28%。在延长外汇市场交易时间等相关措施的保障下，人民币可自由使用程度进一步提升。

最后，促进在岸与离岸市场的协调发展。国际清算银行调查显示，近三年人民币外汇交易在全球市场的份额由 4.3% 增长至 7%，排名由第 8 位上升至第 5 位，成为市场份额上升速度最快的货币，显示离岸主体更多参与人民币资金汇兑和风险管理。延长在岸市场交易时间与离岸市场接轨，有助于拓展境内外汇市场深度和广度，促进在岸和离岸市场形成良性循环、协调发展。

专栏 5　实施跨境贸易投资高水平开放　助推上海涉外经济高质量发展

2023 年，面对复杂多变的国际形势，国家外汇管理局上海市分局坚持金融服务实体经济，持续促进辖内跨境贸易和投融资便利化，积极释放各项便利化政策红利，全力稳住外资外贸基本盘，有力支持上海涉外经济高质量发展。

一是跨境贸易结算进一步降本增效。持续推进优质企业贸易外汇收支便利化试点，通过减环节、减材料、减手续，实现优质企业外汇结算"成本降、效率升"，平均业务办理时间缩短 75% 以上，人力成本减少 1/3 以上，2023 年全市共开展便利化业务 15 万余笔、金额 645 亿美元。聚焦跨境电商等贸易新业态"小额、海量、电子化"的交易特点，完善管理思路和服务体系，支持辖内银行及支付机构为新业态主体提供安全、高效、低成本的跨境资金结算。累计为超过 65 万家中国跨境电商卖家提供便捷高效的全球收款服务，助力跨境电商中小企业轻松出海。

二是跨境投资开放水平持续提高。直接投资方面，合格境外有限合伙人（QFLP）更简便的资金汇兑、更广泛的投资范围和更多样的组织形式等试点政策，已由临港新片区扩围至全市，进一步支持外资"引进来"。临港新片区外商投资企业境内再投资免于登记试点政策落地生效，有效提升外商投资企业再投资的时效性和便利性。证券投资方面，完善红筹企业境内上市外汇管理政策，切实满足红筹企业回归境内上市后回购、股权激励诉求，已为辖内 3 家红筹企业办理股权激励登记，成为全国范例。

三是跨境融资和资金支付使用更加自主便利。高新技术和"专精特新"企业融资额度从 500 万美元提高至 1 000 万美元，额度范围内可自主借用外债，有效满足了"轻资产、高成长"科创企业的融资需求。跨国公司跨境资金集中运营管理扩面提质，便利跨国公司灵活、高效调拨跨境资金，提升资金使用效率，支持发展总部经济。资本项目收入支付便利化政策红利持续释放，大幅缩减企业办理业务的流程和时间，试点银行家数、业务笔数及金额增长规模在全国居前。

5. 黄金市场

人民币 NRA 账户落地黄金国际板。为更好地满足市场需求，提升投资贸易便利化水平，上海黄金交易所将人民币境外机构境内银行结算账户（NRA 账户）纳入黄金国际板结算体系，成为首家同时兼容自由贸易账户（FT 账户）与 NRA 账户双结算体系的国际化金融资产交易平台。机构既可使用 FT 账户，也可使用 NRA 账户开展黄金国际板交易结算。新结算体系进一步拓展了资金划付渠道，更好地发挥了 FT 账户本外币一体化金融服务功能、NRA 账户地域普适性优势，增强了离岸市场清结算服务能力，提升了基础设施国际化水平。

率先开展数字人民币跨境贸易结算应用试点。在国际板 FT 结算账户体系下新增数字钱包端口，并完成国际会员首笔数字人民币入金及跨境调拨测试，实现数字人民币在金融要素市场跨境资金的首次应用，扩大数字人民币跨境应用场景。

促进我国与"一带一路"市场产业链流通。对"黄金之路"项目开展专项调研，进一步优化国际板黄金报关和出入库流程，发挥国际板连接金融机构和黄金企业的桥梁纽带功能，促进境内外产业链流通。截至 2023 年末，参与"黄金之路"的机构数量增至 20 家，全年通过"黄金之路"项目累计入库黄金 5.7 吨，较 2022 年增加 5.5 吨。持续推动"上海金"境外市场挂牌，提升黄金实物、价格标准的国际应用。与共建"一带一路"国家市场机构广泛接洽，拓展"上海金"价格授权合作机会，稳妥推进与 CME 双向授权合作。

6. 期货市场

稳步推进品种改旧上新，风险管理工具日渐丰富。2023 年，上期所（含子公司上海国际能源交易中心，以下简称上期能源）新上市氧化铝期货、丁二烯橡胶期货和期权，以及集运指数（欧线）期货。截至 2023 年末，上期所（含上期能源）已上市铜、国际铜、铝、锌、铅、镍、锡、氧化铝、黄金、白银、螺纹钢、线材、热轧卷板、不锈钢、原油、低硫燃料油、燃料油、石油沥青、丁二烯橡胶、天然橡胶、20 号胶、纸浆、集运指数（欧线）23 个期货品种，以及铜、铝、锌、黄金、白银、螺纹钢、原油、丁二烯橡胶、天然橡胶 9 个期权品种。

推出上期"强源助企"，统筹市场激励项目。2023 年，上期所对近年来开展的各专项试点项目进行整合和统筹管理，并统一命名为上期"强源助企"项目。按照开展方式、评价标准、服务对象等不同内容，项目设功能类、服务类 2 个类别，为产业链、供应链的安全稳定提供全方位服务支持。一是功能类项目对会员单位的期货（铜、铝、不锈钢和国际铜）、期权和综合业务平台的累计成交、持仓情况给予手续费减收激励。项目有效降低了产业客户参与成本，期权成交规模明显增长，同时有效促进了期现结合，服务实体经济的功能得到更好发挥。二是服务类项目按照定价基准、企业拓展和工具应用三个板块，对服务实体企业的情况进行激励支持。在定价基准方面，鼓励企业使用期货价格作为贸易定价基准。

上期综合业务平台成交活跃，服务实体经济功能不断深化。2023 年上线低硫燃料油品种保税标准仓单。目前已上线 16 个标准仓单、保税仓单品种，以及天然橡胶延伸仓单，并推出浙油中心、欧冶云商、山东国际大宗、保税仓单转让、期转现等报价专区，以及期现联动客户端。全年上期综合业务平台成交 38.21 万张仓单，成交量 121.09 万吨，成交金额 889.05 亿元；完成仓单质押融资 36 笔，发放质押贷款 7.5 亿元，质押仓单对应货物 1.02

万吨。在 2023 年亚洲能源风险奖评选中，上期综合业务平台获得"年度最佳场外交易平台奖"。

助力乡村振兴战略，"保险＋期货"效果不断显现。2023 年，上期所"保险＋期货"共 92 个试点项目，其中，云南省 53 个、海南省 39 个，覆盖 21 个县（市／州），55 家期货公司参与，挂钩天然橡胶现货产量 20 万吨，同比上涨 15.9%，惠及两省胶农 26 万户次，同比上涨 52.9%，胶农共获得 1.1 亿元赔付，平均赔付率约为 78%。从 2017 年项目启动至 2023 年，上期所"保险＋期货"项目累计投入专项资金近 7.2 亿元，保障天然橡胶现货产量近 88 万吨，覆盖云南、海南的 31 个县（市／州），近 90 万户次胶农受益，赔付金额超过 5.5 亿元。

30 年期国债期货平稳上市。2023 年 4 月 21 日，30 年期国债期货在中金所挂牌上市，填补了超长期利率风险管理工具的空白，标志着覆盖基准收益率曲线"短、中、长、超长"端的国债期货产品体系基本构建完成。30 年期国债期货上市后运行平稳、交易理性，市场规模稳步增加，日均成交 1.90 万手、日均持仓 2.93 万手。期现价格紧密联动，与对应现券的价格相关系数为 99.88%。交割平稳顺畅，平均交割率为 4.33%。

第二批试点银行、保险机构参与国债期货交易落地。2023 年，第二批试点银行、保险机构参与国债期货交易落地。银行方面，2023 年 1 月 4 日，渣打银行（中国）作为第二批试点银行正式参与国债期货交易。作为首家参与国债期货市场的外资银行，渣打银行（中国）入市以来运用国债期货管理国债承销、做市、交易等环节的利率风险，取得积极成效，有效助力债券市场高质量发展和高水平对外开放。保险方面，第二批 3 家保险机构分别于 2022 年 7 月、9 月及 2023 年 3 月入市交易，至此前两批保险机构已全部入市并实现常态化交易。保险机构入市以来，在运用国债期货降低保险资产组合净值波动、锁定未来资产购入成本、辅助进行资产负债管理等方面不断进行探索实践，积累了有益经验。

股指期货交易安排进一步调整，持续提升市场运行质量。2023 年 3 月 20 日，中金所进一步调整股指期货交易安排，将股指期货平今仓交易手续费标准由成交金额的万分之三点四五调整为万分之二点三。此次平今仓手续费调整进一步降低了市场交易成本，有利于改善股指期货市场流动性，提升市场运行质量和效率，促进产品功能更好发挥。

商品期货市场对外开放方面，2023 年，上海商品期货市场对外开放持续深入推进，不断做精、做优、做强已有对外开放品种。截至 2023 年末，共有原油、低硫燃料油、20 号胶、国际铜、集运指数（欧线）期货，以及原油期权合计 6 个品种直接对境外投资者开放。同时，2023 年合格境外投资者开户数和交易规模均稳步增长。上期所批准花旗银行（中国）和星展银行（中国）成为从事仅为其所托管的合格境外机构投资者和人民币合格境外机构投资者开展期货保证金存管业务的指定存管银行。加强国际合作与交流，与境外交易所保持沟通，持续探索推动与境外交易所的结算价授权合作，不断扩大期货品种对外开放。加大全球推广范围和力度，在中国香港、新加坡、日本、韩国、英国等地区和国家举办品种推介会，积极推介上期所国际化品种。

金融期货市场对外开放方面，2023 年，中金所按照"放得开、看得清、管得住"的要求，持续深化金融期货对外开放各项业务准备工作,持续跟踪分析离岸市场 A 股期货和衍生品产品设计及市场发展情况,深入研究对外开放实施路径,完善业务方案,进一步深化扩大对外开放有关业务准备。持续推动巴基斯坦证券交易所和中欧国际交易所"一带一路"境外合作项目建设。协调推动巴交所正式上线新一代交易系统,与上交所和德交所紧密合作,共同推进中欧所离岸 A 股指数期货项目。

专栏 6   我国首个航运期货品种在上海挂牌交易

2023 年 8 月 18 日,我国首个航运期货品种——集运指数(欧线)期货在上海期货交易所全资子公司上海国际能源交易中心挂盘交易。集运指数(欧线)期货采用"服务型指数、国际平台、人民币计价、现金交割"的设计方案,既是我国期货市场推出的首个服务类期货品种,也是首个在商品期货交易所上市的指数类、现金交割的期货品种,还是面向国际投资者开放的境内特定品种。

我国是航运大国,超过 90% 的进出口货物通过海运完成。近年来,受国际国内多重因素影响,国际航运市场价格波动剧烈,市场风险进一步加大,相关套保需求更加强烈。上期所适时推出全球首个依托我国指数开发的航运指数期货,是积极响应市场呼声、提升航运金融服务能级、服务国际集装箱运输行业稳健发展,协助全球客户管理风险、发现价格、配置资源的使命要求。

上市航运指数期货,有助于丰富航运产业链企业的风险管理工具,有助于提升我国国际贸易运输服务的定价话语权和影响力,服务航运业高质量发展。上市航运指数期货有助于帮助海运集装箱运输产业链企业、外贸企业应对航运价格波动风险和行业周期风险,提升相关企业的风险管理水平和国际竞争力;有助于促进金融和航运两个市场的有效连接,提升航运金融服务能级,更好服务上海国际金融中心、国际贸易中心、国际航运中心等"五个中心"建设协同发展;有助于服务国家海洋强国、航运强国建设。

自 2023 年 8 月 18 日上市至 2023 年末,航运指数期货共运行 90 个交易日,累计成交 2 557.65 万手,日均成交 28.42 万手,累计成交额 1.17 万亿元,日均成交额 129.73 亿元,12 月 29 日收盘时持仓 10.89 万手。总体上,市场运行平稳,各方评价积极正面。集运指数(欧线)期货上市后,上海证监局积极推动上海地区期货公司、风险管理子公司利用集运指数期货管理风险、稳定预期。首单挂钩集运指数(欧线)期货的场外期权交易率先落地上海。集运指数(欧线)期货上市以来,上海地区期货公司累计服务相关交易者 1.79 万户,累计交易规模达 3 472.63 亿元,有效满足了国际集装箱运输市场相关企业的避险需求。

7. 金融衍生品市场

推动利率衍生品工具应用。推出挂钩 3 个月期主要全国性银行同业存单利率的 PrimeCD 标准利率互换,采用 X-Swap 匿名成交和实时承接的交易清算方式,支持快速平仓,为市场机构提供便利的风险对冲工具。支持市场机构开展挂钩 CFETS 长三角区域债券指数的指数互换合约；支持开展以 CFETS- 国泰君安 10 年期国债主力债券指数作为标的的场外期权交易。推出利率期权指示性报价板，全面展示全市场标准利率期权合约、各档位的深度行情报价，进一步丰富利率期权交易服务。

配合利率基准改革。根据 Libor 退出的相关安排，终止 Libor 作为银行间货币掉期等产品交易的浮动利率基准，调整公开报价品种的挂钩利率及货币掉期基准曲线类型，优化货币掉期等衍生品相关配套功能等，保障新旧基准利率平稳更替。

推出"北向互换通"业务。2023 年 5 月，"北向互换通"业务正式上线，交易中心与境外电子交易平台共同为境外投资者参与境内银行间利率互换市场提供多交易机制、一站式的高效便捷服务，支持境外机构便利开展银行间市场利率互换交易，满足境外投资者人民币利率风险管理的需求。截至 2023 年末，"北向互换通"下交易量近 1 万亿元。

专栏 7　互换通启航　衍生品市场开放更进一步

2023 年 5 月 5 日，中国人民银行、香港证券及期货事务监察委员会、香港金融管理局发布"互换通"业务联合公告，宣布 5 月 15 日正式推出"互换通"业务。中国外汇交易中心为境内外投资者提供衍生品交易服务，上海清算所与香港场外结算公司通过中央对手方（CCP）互联，共同提供集中清算服务。

"互换通"在坚持现行银行间衍生品市场发展道路的基础上，充分借鉴债券市场对外开放的成熟经验和整体框架，在不改变交易习惯、有效遵从两地市场法律法规的前提下，便捷地完成人民币利率互换交易和集中清算，降低境内外投资者参与难度和复杂度，更好满足境外投资者对利率风险的管理需求。"互换通"项目是中国金融市场高水平对外开放，继股票通、债券通后又一重要事件，也是中央支持上海与香港国际金融中心建设、维护国家金融安全的重要举措。

"互换通"项目通过为国际投资者提供更加精准、高效的人民币利率风险对冲工具，一经推出便受到境内外投资者的热烈欢迎。业务上线半年累计清算近 2 000 笔、逾 7 000 亿元，共发展境内报价商 20 家、境外投资者 44 家。2023 年 9 月，凭借在"北向互换通"业务中的出色产品设计和创新研发能力，上海清算所与合作机构香港交易所共同荣获《亚洲风险》杂志颁发的"2023 年度清算机构"（Clearing House of the Year）大奖，这一奖项旨在表彰清算机构在衍生品市场发展和风险管理服务方面的优秀实践，标志着"互换通"项目受到国际同业认可。

截至 2023 年末，共有 51 家境外机构入市参与、20 家境内"互换通"报价商为境外机构提供报价，累计成交名义本金近 1 万亿元。投资者类型多样，包括境外央行、境外商业银行、境外证券公司和境外基金等。交易标的品种丰富，参考利率包括 FR007、Shibor3M、ShiborO/N，期限覆盖 1 个月至 5 年，主要交易标的参考利率为 FR007，期限在 1 年及以内。

8. 登记托管、清算结算业务

上海清算所清算业务持续增长。2023 年，上海清算所清算业务总规模 635.8 万亿元，同比增长 15%；登记债券发行 37.7 万亿元，同比增长 21%；年末债券托管余额 34.3 万亿元，同比增长 10%；服务发行人账户 7 823 个、投资者账户 38 818 个，同比分别增长 5.0% 和 12.4%。上海清算所中央对手清算业务规模 174.6 万亿元，同比增长 15.9%；其他集中清算业务规模 461.2 万亿元，同比增长 14.8%（见图 2-18、表 2-9）。

图 2-18　2014—2023 年上海清算所清算业务发展概况

（数据来源：上海清算所）

表 2-9　2023 年上海清算所清算业务量

单位：亿元、%

业务类别		2023 年	2022 年	同比增速
中央对手清算	债券	56 927.1	35 974.3	58.2
	外汇	1 375 410.5	1 260 627.2	9.1
	利率衍生品	313 331	210 291.2	49.0
	信用衍生品	5.1	1.2	343.5
	大宗商品衍生品	235	143.8	63.4
	合计	1 745 908.6	1 507 037.6	15.9
其他集中清算	债券	4 563 105.9	3 991 632.9	14.3
	外汇	41 898.0	21 417.1	95.6
	信用衍生品	290.1	225.2	28.8
	大宗商品现货	6 539.4	5 417.5	20.7
	合计	4 611 833.5	4 018 692.7	14.8
清算业务总规模		6 357 742.1	5 525 730.3	15.1

数据来源：上海清算所。

登记托管业务平稳增长。2023 年，上海清算所服务各类债券发行登记 3.8 万只、面额 37.7 万亿元，同比分别增长 5.6% 和 20.7%。发行规模占全市场债券发行总量的 53.1%，占银行间市场发行总量的 58.3%。截至 2023 年末，上海清算所托管各类债券 3.3 万只、托管余额 34.3 万亿元，同比分别增长 3.9% 和 9.8%，托管余额占全市场债券托管总量的 21.9%，占银行间市场托管总量的 24.5%（见图 2–19）。在上海清算所托管的债券中，托管余额规模较大的主要是同业存单、中期票据和商业银行金融债，托管余额分别为 14.8 万亿元、9.2 万亿元和 2.4 万亿元，在上海清算所托管余额中的占比分别为 43.0%、26.8% 和 6.9%。

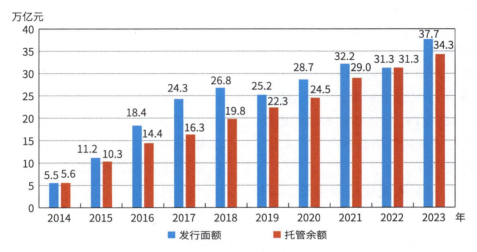

图 2–19 2014—2023 年上海清算所登记托管业务发展概况

（数据来源：上海清算所）

截至 2023 年末，上海清算所清算会员 92 家，其中，综合清算会员 6 家、产品类综合清算会员 7 家、普通清算会员 79 家。债券发行人账户近 8 000 个，债券投资者账户近 3.9 万个，同比分别增长 5.0% 和 12.4%（见图 2–20）。

图 2–20 2014—2023 年上海清算所发行人账户和投资者账户发展概况

（数据来源：上海清算所）

2023 年，上海清算所深化保证金标准相关工作机制建设，迭代优化风险试算平台功能，成为国内唯一、全球第五家通过彭博终端为全球投资者提供高质量试算服务的中央对手清算机构。推出中资美元债估值、科创债券指数、共同富裕中高等级信用债指数等主题产品，逐日发布 8 万余只产品估值、30 条收益率曲线、82 只指数，为市场定价提供重要参考。延续债券发行人费用阶段性全免安排，全额减免外汇、大宗商品等领域多项创新业务费用，2023 年让利市场机构约 12 亿元。完善债券发行配套机制建设，推进跨市场发行、债券做市支持、弹性招标等功能创新，全年金融债发行规模同比增长 69%，"清发"品牌影响力持续提升。

中央结算公司业务规模稳步增长。2023

年，中央结算公司登记发行债券 26.99 万亿元，同比增长 7.92%（见图 2-21）。各券种发行增速分化。国债、地方政府债、政策性银行债、商业银行债是 2023 年发行量最大的四类券种，占比分别为 40.8%、34.6%、18.8% 和 2.9%，合计达 97.1%。其中，国债发行 11.01 万亿元，同比增长 14.30%；地方政府债发行 9.33 万亿元，同比增长 26.78%；政策性银行债发行 5.09 万亿元，同比下降 3.74%；商业银行债发行 0.79 万亿元，同比下降 53.56%。其他券种发行占比较小，发行增速均有不同程度下降。政府支持机构债券发行 0.19 万亿元，同比下降 30.07%。企业债券发行 0.20 万亿元，同比下降 45.61%。信贷资产支持证券发行 0.35 万亿元，同比下降 2.03%。

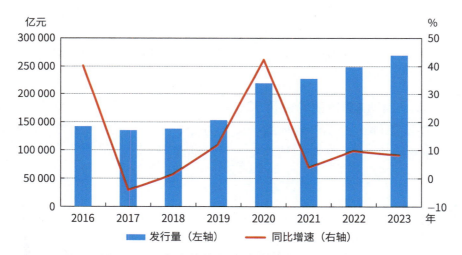

图 2-21　中央结算公司债券发行量变化趋势

（数据来源：中央结算公司）

债券托管量平稳增长。截至 2023 年末，中央结算公司托管债券 106.09 万亿元，同比增长 9.97%（见图 2-22）。其中，地方政府债、国债和政策性银行债托管量较大，三者合计占比超债券总托管量的八成。地方政府债托管量为 40.57 万亿元，同比增长 16.26%；国债托管量为 29.35 万亿元，同比增长 16.49%；

政策性银行债托管量为 22.70 万亿元，同比增长 5.96%。此外，商业银行债、企业债券和信贷资产支持证券托管量有所下降。2023 年末，商业银行债托管量为 7.01 万亿元，同比减少 3.84%；企业债券托管量为 2.40 万亿元，同比减少 13.07%；信贷资产支持证券托管量为 1.77 万亿元，同比减少 26.10%。

图 2-22　中央结算公司债券托管量变化趋势

（数据来源：中央结算公司）

债券结算量持续增长。2023 年，中央结算公司现券结算量为 202.86 万亿元，同比增长 12.95%。分券种看，现券结算以政策性银行债为主，结算量为 105.58 万亿元，占总结算量的 52.08%。国债、地方政府债、商业银行债结算量分别为 68.79 万亿元、12.76 万亿元和 13.07 万亿元，占比分别为 33.93%、6.29% 和 6.45%。地方政府债和国债结算量增速最快，同比分别增长 35.40% 和 28.15%。政策性银行债结算量稳中有升，同比增长 6.66%。商业银行债、企业债券和信贷资产支持证券结算量分别有不同程度下降，同比分别降低 6.01%、17.23% 和 52.75%。

中央结算公司推动债券作为期货保证金制度稳健发展。2023 年 2 月，中央结算公司成功支持广期所首笔债券作为期货保证金业务落地实施，保持对国内 6 家期货交易所全覆盖。这也是该业务首次应用于绿色低碳品种工业硅期货，有力支持期现货市场服务实体经济和绿色产业发展。此外，服务境外投资者参与业务，支持期货市场高水平对外开放。自 2022 年期货市场陆续扩大对外开放品种以来，中央结算公司主动对接期货交易所、结算代理行，2023 年支持多家境外投资者落地债券作为期货保证金业务，并于 9 月举办国际客户专场交流会，覆盖 20 余家机构，为境外投资者参与该业务提供开放性交流平台，助力期货市场对外开放。

自贸区离岸债券市场生态建设不断完善。2023 年，伴随着上海自贸试验区开埠十周年，自贸区离岸债券规模累计达千亿元人民币。年内，首单区块链支持发行的证券公司自贸区离岸债券、首单共建"一带一路"国家外资机构的人民币自贸区离岸债券等落地。

境外投资者入市数量与持债规模稳步增长。境外投资者入市便利度进一步提升。2023 年，中央结算公司支持推动银行间债券市场非交易过户、循环结算、债券认分销线上办理等多项服务优化上线，有效提升境外投资者开户、结算的效率和便利性。截至 2023 年末，共有 1 124 家境外机构主体入市，同比增长 4.95%。其中，551 家通过"全球通"直接投资渠道入市，822 家通过"债券通"渠道入市，249 家同时通过两个渠道入市。境外机构在中国债券市场的托管余额为 3.72 万亿元，占中国债券市场托管余额的 2.4%。其中，境外机构在银行间债券市场的托管余额为 3.67 万亿元，占银行间债券市场托管余额的 2.7%。

9. 银行卡

银联持续丰富完善绿色低碳积分体系，覆盖公交地铁、生活缴费等绿色消费场景，为持卡人打造多样化的低碳生活服务权益体系。积极发行绿色主题卡产品，并持续推进个人和企业碳账户建设，将账户权益与用户的低碳行为挂钩，鼓励用户践行绿色低碳理念。截至 2023 年末，银联已联合 35 家商业银行推出 47 款绿色低碳卡产品，发卡量超过 378 万张。

持续丰富云闪付 APP 移动支付服务内容，以平台化发展共同提升银行业移动支付能力。2023 年，银联持续提升云闪付 APP 产品能力，以优质内容服务用户，更好满足人民群众和实体经济多样化支付需求。云闪付 APP 共支持 300 余个市区县的 1 200 多个消费券项目，撬动消费 400 余亿元。为商户提供一站式、自助化的营销票券方案，共引入 94 家银行与服务商，累计开展活动 2 500 余个，带动交易金额约 10 亿元。提升跨境服务能力，支持境外手机号注册云闪付的国家和地区扩充至 130

个，能够受理云闪付的境外商户超过 610 万家。截至 2023 年末，云闪付 APP 累计注册用户超过 5 亿户，覆盖商户超 3 000 万户，银联已成为我国移动支付服务的重要提供方。推动 76 家商业银行的 86 个银行 APP 接入云网平台。

对外开放方面，在发卡侧，截至 2023 年末，银联已在境外 81 个国家和地区累计发卡超 2.3 亿张，其中在"一带一路"相关市场累计发卡超 1.8 亿张，我国港澳地区、韩国、菲律宾、泰国等市场的发卡规模突破千万张。银联钱包标准加速落地，已实现在境外 30 多个国家和地区落地超 180 个银联标准钱包。在受理侧，银联受理网络已延伸至境外 182 个国家和地区，覆盖超 6 600 万家线上线下商户。

10. 人民币跨境支付业务

2023 年，人民币跨境支付系统（CIPS）运行良好，共运行 255 个工作日，累计处理金额 123.06 万亿元，同比增长 27.3%（见表 2-10）。日均处理金额 4 826 亿元，同比增长 24.3%。CIPS 单日处理业务量屡创新高，其中，金额峰值为 8 690.8 亿元。

表 2-10　CIPS 历年业务情况

年份	工作日/天	金额/万亿元	同比增速/%
2015	62	0.5	—
2016	250	4.4	—
2017	249	14.6	233.7
2018	252	26.5	81.8
2019	250	33.9	28.3
2020	249	45.3	33.4
2021	250	79.6	75.8
2022	249	96.7	21.5
2023	255	123.06	27.3
累计	2 066	424.56	—

数据来源：CIPS。

2023年，CIPS新增直接参与者（直参）62家（其中，境内1家、境外61家），同比增长81%；新增间接参与者（间参）126家（其中，境内13家、境外113家）。其中，2023年8月，交通银行（巴西）正式成为CIPS直参，是CIPS在南美洲的首家直参，CIPS直参实现了对6大洲的全面覆盖。2023年12月，渣打银行（香港）作为CIPS首家境外全球系统重要性外资银行直参实现业务上线。截至2023年末，CIPS共有1 484家参与者，其中，直参139家、间参1 345家，境外参与者占比为59%，分布在全球113个国家和地区。系统实际业务覆盖范围已扩大至全球182个国家和地区的4 400多家法人银行机构，其中2 000多家机构来自共建"一带一路"的132个国家和地区。

业务创新方面，一是延长系统运行时间，进一步满足境内外机构跨境人民币结算需求。2023年"十一"长假期间，CIPS"不打烊"，服务"不断档"，按照"境外工作日运行"的方式累计对外服务6个工作日。64家CIPS直参共同参与，积极帮助客户在"十一"期间办理业务，业务范围覆盖全球71个国家和地区，满足了国内长假期间全球各主要时区跨境人民币贸易、投融资需求。

二是优化CIPS产品与服务，不断提升服务实体经济能力。2023年，跨境清算公司集中发布CIPS港元业务、汇路指南、数据洞察、直参轻量化接入方案、跨行账户集中可视、全额汇划、支付透镜、CIPS报文直通开发工具、API接入服务、自动化测试服务等10项网络功能及产品服务。

三是加强与在沪金融基础设施合作，助力上海提升人民币金融资产配置中心能级。2023年5月，在前期支持债券通"北向通""南向通"开通基础上，CIPS支持内地与香港利率互换市场互联互通合作（"互换通"）上线运行，便利境内外投资者参与两地利率互换市场，服务债券市场开放向衍生品领域延伸。此外，跨境清算公司根据市场业务需求提供切实可行的跨境人民币资金结算方案，积极支持上海石油天然气交易中心油气贸易人民币结算。2023年6月，中海油与法国道达尔公司达成的首笔以人民币结算的进口液化天然气（LNG）交易货款从境内向境外汇划顺利完成。目前，上海石油天然气交易中心主要客户均已通过CIPS办理资金结算业务。

四是提升支付领域金融标准国际化水平。2023年，跨境清算公司在完成构建包含5大类8个子类的CIPS标准体系框架的基础上，根据市场需要制定并发布企业标准《CIPS信息交换规范》（第1—5部分）和《CIPS ID申请及维护指南》，CIPS企业标准数量达到22项。基于《金融服务金融业通用报文方案》（ISO20022）方法论丰富CIPS报文种类，完成信用证、保函等报文设计，填补信用证报文标准在ISO20022报文库的空白。跨境清算公司持续深入参与全球法人识别编码基金会（GLEIF）、国际标准化组织（ISO）、支付与市场基础设施委员会（CPMI）等国际组织相关工作组的工作。

专栏8　自由贸易账户应用场景进一步丰富

自由贸易账户作为上海自贸试验区金融制度创新的核心基础设施，为上海进一步站在改革开放创新高地持续注入新元素。人民银行上海总部围绕实体经济需求，推动更高水平贸易投资人民币结算便利化,突出对新片区重点产业和金融支持。同时,鼓励金融机构遵循分账核算风险管理原则,以专属服务方案的模式尝试跨境业务新实践,推动人民币国际化扎实稳慎发展。

为助力国际船舶管理业的发展,提升上海航运服务业能级,推进上海国际航运中心建设稳步发展,人民银行上海总部指导上海市金融学会跨境金融服务专业委员会发布《国际船舶管理自由贸易账户服务方案》(以下简称《方案》)。《方案》依托自由贸易账户的"境内关外"属性和账户内本外币资金可兑换,资金跨境一线自由流动、二线有限渗透的特色,解决国际船舶管理公司承揽境外船舶运营管理服务中的痛点、堵点、难点问题,实现了自由贸易账户和国际船舶管理服务的场景融合。在账户开立方面,针对国际船舶管理企业需要对受托管理的大量国际船只进行分账管理的业务特殊性,支持银行提供基于自由贸易账户的主子账户架构,实现对其所管理的单船进行有效区分的资金管理;在资金结算方面,针对国际船舶全球航行停靠的特点,支持银行将国际船舶管理企业纳入自由贸易账户优质客户并提供网银服务,实现跨境直通结算;在资金汇兑方面,国际船舶管理企业可通过自由贸易账户实现

跨境自由汇兑,满足船舶全球航行中的多币种国际支付需求;在外籍海员薪酬支付和后续使用方面,在国际船舶上受雇工作的外籍船员可开立自由贸易账户,解决薪酬发放及后续使用问题。企业表示《方案》基本拉平了国际船舶管理行业跨境结算中在沪的银行与境外银行(新加坡、中国香港)的体验差距,为业务操作提供了很大的便利,有效解决了企业面临的问题。

随着人民币在他国之间贸易往来中使用的增加,市场对人民币跨境贸易融资和再融资业务的需求持续增长。《中国人民银行上海总部关于进一步拓展自贸区跨境金融服务功能支持科技创新和实体经济的通知》(银总部发〔2016〕122 号)已明确可以支持商业银行办理国际贸易再融资业务。结合自由贸易账户分账核算的风险隔离功能,人民银行上海总部指导上海市金融学会跨境金融服务专业委员会发布《自由贸易账户国际贸易融资资产转让业务同业规范》。基于自由贸易账户开展国际贸易融资资产转让的业务场景,从业务类型、业务办理、合规及风险管理、信息报送等方面提出明确要求,切实为企业涉外业务提供资金便利,推动自由贸易账户服务与实际场景应用的有机结合。

五、政策支持与金融监管

(一) 政策支持

金融高水平制度型开放取得新成效。5 月 15 日,内地与香港利率互换市场互联互通合作正式上线运行,"互换通"境内外投资者可经由内地与香港金融市场基础设施机构在

交易、清算、结算等方面互联互通的机制安排,在不改变交易习惯、有效遵从两地市场法律法规的前提下,便捷地完成人民币利率互换交易和集中清算,成为中国金融市场对外开放进程中的又一重要事件。6 月 8 日,再保险"国际板"正式启动运营,《关于加快推进上海国际再保险中心建设的实施细则》同日发布,在上海开设面向全球的再保险分入业

务交易市场，助力打造再保险内循环的中心节点和双循环的战略链接。截至 2023 年末，15 家再保险运营中心和 3 家保险经纪公司（其中，外资机构 4 家）落户上海国际再保险交易中心，首张国际再保险分入合约成功签署。

金融改革创新迈出新步伐。4 月 10 日，沪深交易所主板注册制首批企业上市仪式举行，标志着股票发行注册制改革全面落地，上海证券交易所科创板注册制改革经验拓展至全市场，多层次资本市场改革深入推进。主板注册制落地以来，上交所主板共 22 家企业上市，首发募资 324.33 亿元；科创板共 55 家企业上市，首发募资 1 250.44 亿元。10 月 20 日，证监会批复同意上海股交中心开展认股权综合服务试点，上海股交中心成为全国第二个认股权综合服务试点，为服务中小微企业特别是上海科技创新型中小企业融资开辟了新路径。

重要金融产品日益丰富。4 月 21 日，30 年期国债期货在中国金融期货交易所挂牌上市，形成了覆盖短、中、长和超长关键期限的产品体系，促进超长期债券发行和交易，健全实体经济中长期资金供给制度安排。7 月 28 日，全球首个合成橡胶期货及期权在上海期货交易所正式挂牌交易，进一步完善能源化工产业价格形成机制，为产业链上下游实体企业提供更加丰富的风险管理工具，助力我国由橡胶大国向橡胶强国迈进。8 月 18 日，面向国际投资者开放的境内特定品种——出口集装箱结算运价指数（欧洲航线）期货挂牌交易，这是全球第一个依托我国指数开发的航运期货产品，也是我国期货市场第一个在商品期货交易所上市的服务类指数期货品种，对推动上海国际金融中心和上海国际航运中心联动发展具有重要意义。

多层次、广覆盖、高能级金融机构体系不断完善。2023 年，法巴农银理财有限责任公司、施罗德基金管理（中国）有限公司、联博基金管理有限公司获批开业。全国 5 大行参与设立的外资控股合资理财公司、6 家新设外资独资公募基金全部落户上海，上海外资证券基金期货经营机构数量约占全国一半，上海作为全国金融改革开放排头兵的地位不断巩固提升。截至 2023 年末，上海持牌金融机构总数达 1 771 家，其中，外资金融机构占比超过 30%。外商独资私募基金管理人数量全国占比超过八成，产品数量、管理规模均占全国的 95% 以上。

金融支持科技创新取得新突破。9 月，《上海市建设科创金融改革试验区实施方案》发布，加快构建广渠道、多层次、全覆盖、可持续的上海科创金融服务体系。上海金融支持科技创新的各类政策密集出台，配套服务保障体系建设不断加强。10 月，"上海科创金融联盟"成立，为上海辖内科创企业提供全生命周期的多元化接力式金融服务。11 月 23 日，全国社保基金长三角科技创新股权投资基金在上海举办揭牌仪式，首期规模 51 亿元，通过市场化方式为科创企业提供长期稳定的权益资金，加快提升科技创新和科技成果转化能力，支持上海建设具有全球影响力的科技创新中心及长三角一体化高质量发展。12 月末，《关于进一步促进上海股权投资行业高质量发展的若干措施》发布，受到市场各方好评。

绿色金融、普惠金融发展再上新台阶。12 月 21 日，《上海市转型金融目录（试行）》正式印发，将水上运输业、黑色金属冶炼和压延加工业、石油加工业、化学原料及化学制品制造业、汽车制造业和航空运输业 6 大行业纳入首批支持行业。与此同时，上海加大普惠金融支持实体经济的力度，普惠金融顾问制度持续深化，上线"上海普惠金融顾问综合服务平台"并入驻"随申办"企业云APP，在10个区及张江高科技园区建立线下服务枢纽，形成"线上平台＋线下枢纽"双轮驱动服务模式；推进大数据普惠金融应用系统升级，更好支持金融机构运用公共数据对企业"精准画像"，加大信贷投放。截至2023年末，大数据普惠金融应用累计服务企业约72万户次，数据调用超6 200万次，支持发放中小微企业贷款超过5 700亿元。

《上海市促进浦东新区融资租赁发展若干规定》正式发布。10月1日，全国首部涉融资租赁行业的地方法规《上海市促进浦东新区融资租赁发展若干规定》正式施行，进一步规范和优化融资租赁行业发展环境，对强化地方金融服务实体经济能力，推进国际金融中心核心区建设、更好融入和服务新发展格局具有重要意义。截至2023年末，上海市小额贷款、典当、融资担保、融资租赁、商业保理和地方资产管理6类机构行业总体资产规模达2.3万亿元。

（二）金融监管

2023年，国家金融监督管理总局上海监管局探索强化"五大监管"。按照"高风险高强度监管、低风险低强度监管"的思路，探索分类分层机构监管新路径，推出异地城商行在沪分行分类监管工作机制、村镇银行"三层五档"分类监管格局、保险专业中介机构分类监管规则，推动有条件的外资金融机构成立党组织，以抓"两头"带"中间"逐步实现金融高质量发展。强化行为监管，着力规范金融机构及第三方中介机构等的经营活动。不断增强功能监管效能，坚持同一业务、同一标准、统一监管，率先出台数据合规指导意见，提升监测统计标准统一性；

开展供应链专项稽核调查、"专精特新"企业等各类横贯式现场检查等，及时规范各类"伪创新"和"擦边球"。将穿透式监管理念全面嵌入市场准入、非现场监管、现场检查，追踪股东入股资金来源与分红资金去向、大额违规关联交易等，做到风险底数清、情况明。动态实施全周期、全过程、全链条式持续监管，启动中资法人银行高管持续监管试点，开展市场准入、重点业务案例"后评估"，强化监审联动，全年指定内审立项92项，确保监管无死角、无盲区、无例外。

坚决做到"长牙带刺"。加大稽查检查力度，发挥"特战先锋"作用。2023年共对116家次银行保险机构开展现场检查，发现各类问题合计1 152个，涉及金额4 346亿元。强化调研式检查和检查式调研，揭示理财资金投资期货保证金业务等风险隐患，及时遏制交叉领域资金空转。以零容忍的态度惩戒违法违规行为，对于资金违规流入限制性领域、关联交易、掩盖不良贷款等，严格按笔处罚，提高监管震慑力。全年共作出行政处罚决定231例，罚没金额1.43亿元，处罚规模和数量再创新高。持续强化双罚问责力度，切实提高违法成本。2023年整体双罚率提高到84%以上，双罚人数较上年增长189.8%。

2023年，上海资本市场平稳有序健康发展，在支持服务浦东综合改革试点、临港新片区建设、上海自贸区高水平制度型开放等方面取得积极成效，助力上海国际金融中心建设实现能级提升。

一是支持高水平科技自立自强。聚焦上市公司资源培育，深化"浦江之光"行动，落实北交所高质量建设部署和新一轮提高上市公司质量三年行动方案，更好服务实体经济。引导私募基金"投早投小投长投科技"，配合研究出台进一步促进上海股权投资行业高质量发展的政策措施，支持私募股权创投基金实物分配股票试点落地。支持上海区域股权市场发展，有序推进私募股权和创业投资份额转让试点，累计成交规模居全国首位；支持认股权综合服务试点获批，4 单项目正式落地；推动与新三板签署绿色通道监管合作备忘录，助力三、四板制度型对接机制落地；设立"专精特新"专板。

二是防范和化解重大金融风险。协同上海金融法院等 10 家单位建立金融司法与金融监管防范化解金融风险协同机制。上海资本市场风险整体可控，推动 3 家上市公司平稳退市，全年未新增债券违约事件，私募风险机构家数和规模较整治初期大幅压降，已发生的个案风险均在稳步推进解决。

三是持续加强诚信及法治环境建设。严禁"无照驾驶"，联合签署《加强网上非法证券期货活动治理的合作备忘录》，建立常态化打非会商机制。联合发起成立上海投保联盟临港新片区创新实践基地，提升矛盾纠纷多元化解能力。调解纠纷 384 件，投资者获补偿金额达 1 663 万元。深入开展私募基金监管条例普法宣传，联合上海金融法院发布十大典型案例。全年开展线上线下投资者教育宣传活动 4 000 余场。

六、国际金融中心建设推进情况

2023 年，上海深入学习贯彻习近平总书记考察上海重要讲话精神和中央金融工作会议精神，紧紧围绕服务实体经济、防控金融风险、深化金融改革三项任务，加快推进国际金融中心建设。2023 年，上海实现金融业增加值 8 646.86 亿元，同比增长 5.2%。在沪主要金融要素市场合计成交 3 373.63 万亿元，同比增长 15.0%。金融市场直接融资额 17.82 万亿元，同比增长 2.5%。

（一）金融改革创新

一是多层次资本市场建设不断完善。股票发行注册制改革全面落地。完善"浦江之光"行动升级版服务体系，试运行数字化服务平台。支持区域性股权市场发展，上海股交中心获批开展上海认股权综合服务试点、获准设立上海"专精特新"专板。

二是金融产品创新不断推出。30 年期国债期货、氧化铝期货、全球首个合成橡胶期货及科创 50ETF 期权、国内首个航运指数期货等系列重要金融产品上市。全国性大宗商品仓单注册登记中心实体化运作，上海项目上线运行。

三是金融市场开放深入推进。利率"互换通"正式上线。持续优化沪港通制度安排，启动沪新 ETF 互通，首对沪新 ETF 互通产品在两地交易所同步上市。启动再保险国际交易中心，吸引 15 家财险公司再保险运营中心、4 家保险经纪公司入驻临港新片区国际再保险功能区，完成首张国际再保险分入合约签署。

四是自贸试验区及临港新片区金融开放创新先行先试。持续深化临港新片区跨境贸易投资高水平开放外汇管理改革试点。推动自贸试验区离岸债券业务发展。完成 4 批自由贸易账户拓展工作，《国际船舶管理自由贸易账户服务方案》发布。金融数据安全有序跨境流动取得突破，支持 14 家金融机构数据合规出境。落地全国首单液化天然气(LNG)跨境人民币结算交易。

五是中外资金融机构集聚效应明显。截至 2023 年末，上海持牌金融机构总数达 1 771 家，其中，外资金融机构占比超过 30%。法巴农银理财、施罗德基金、联博基金获批开业，安联基金获批筹建，全国 6 家新设外资独资公募基金全部落沪，其中 4 家已开业；国内

5 大行参与设立的外资控股合资理财公司全部落沪并开业。东方汇理金融科技公司在沪成立，建设银行贵金属及大宗商品业务部揭牌。做好 QFLP 外汇新政扩围政策与现有政策衔接，推进新增试点企业有序开展业务。全年新增 8 家中外知名资管机构参与合格境内有限合伙人（QDLP）、合格境外有限合伙人（QFLP）试点。落地全国首单以外商私募证券投资基金管理人（WFOE PFM）为主体发行的 QDLP 产品。

（二）金融服务

一是金融中心与科创中心联动效应日益增强。发布《上海市建设科创金融改革试验区实施方案》《关于进一步促进上海股权投资行业高质量发展的若干措施》。全国社保基金长三角科技创新股权投资基金落户上海，首期规模 51 亿元。发起成立"上海科创金融联盟"，筹设上海科创金融研究院。推出"沪科专贷""沪科专贴"科创专项再贷款再贴现。开展知识产权质押贷款风险"前补偿"试点工作。开展科技企业创业责任保险试点、知识产权交易保险等工作。

二是国际绿色金融枢纽建设取得积极进展。申建国家绿色金融改革创新试验区，开展浦东气候投融资试点，推动上海绿色金融服务平台上线。出台《上海市转型金融目录（试行）》。组织开展"绿色金融综合评价试点"。发布 CFETS 共同分类目录绿色债券指数、CFETS 共同分类目录高等级绿色债券指数。

三是普惠金融服务方式更加多元。实施新一轮中小微企业信贷奖补政策和中央财政支持普惠金融发展示范区奖补激励。上线"上海普惠金融顾问综合服务平台"并入驻"随申办"企业云 App，建立 11 家线下服务枢纽。深化大数据普惠金融应用。健全全市政府性融资担保体系。制定上海市政府性融资担保机构绩效评价试行办法。

四是对养老、健康产业支持力度持续加大。联合印发《上海市进一步完善多元支付机制支持创新药械发展的若干措施》。推进市级保险数据支撑平台建设，支持保险机构安全合规地利用医疗、医保大数据进行产品精算研发。

五是金融数字化转型加速推进。落地全国首单国际原油跨境数字人民币结算业务、首单大宗商品现货数字人民币清结算业务、首单服务贸易双边模式数字人民币跨境支付业务等创新场景。截至 2023 年末，落地应用场景超 143 万个，位居全国前列。发布《上海金融科技白皮书》。

六是对长三角地区更高质量一体化发展的金融支持不断加强。发布《长三角生态绿色一体化发展示范区关于加快普惠金融发展的实施意见》《上海银行业金融机构集团客户长三角地区协同授信指引》。深化长三角征信链征信平台应用。成立长三角 G60 科创走廊公募 REITs 联盟。在长三角落地全国首单先进制造业企业集合票据。

（三）金融发展环境

一是提高强监管防风险能力。完善地方金融监管平台建设，健全地方金融监管制度体系。加快构建央地监管协同机制作用，防范打击非法金融活动。发挥上海市金融稳定协调联席会议机制作用，平稳处置风险个案，守住不发生区域性系统性金融风险底线。

二是加强金融法治建设。修订《上海市推进国际金融中心建设条例》，推动《上海市实施〈防范和处置非法集资条例〉办法》出台，《上海市促进浦东新区融资租赁发展若干规定》正式施行。

三是深化上海国际金融中心宣传推介。开展"2021—2022年度上海金融创新奖"评选，共选出67个成果奖奖励项目和9个推进奖奖励项目。第十四届陆家嘴论坛（2023）、2023 INCLUSION·外滩大会、2023上海全球资产管理论坛、全球资产管理中心—上海国际活动周、2023上海苏河湾大会、北外滩文化与财富论坛等一系列重要金融活动成功举办，上海金融中心国际影响力持续提升。

七、金融消费权益保护工作情况

（一）投诉受理

保障党和国家机构改革期间12363咨询投诉电话不间断，服务质量不下降，确保金融消费者诉求表达、利益协调、权益保障通道的畅通。压实压紧金融机构作为金融消费纠纷处理主体的责任，及时稳妥化解矛盾纠纷。强化金融消费者投诉数据分析研判，定期编发上海市金融消费者投诉形势分析报告，对投诉多发领域、多发业务类型及热点问题进行风险提示，及时指导金融机构开展溯源整改、提升服务水平。贯彻落实"总对总"金融纠纷在线诉调对接机制，坚持和发展新时代金融领域"枫桥经验"，持续推进金融纠纷多元化解机制建设，巩固深化长三角地区金融消费纠纷调解组织合作机制，指导上海市金融消费纠纷调解中心不断优化中国金融消费纠纷调解网各项功能，持续完善线上与线下相结合的在线调解工作模式，着力打通金融纠纷多元化解"最后一公里"。

（二）监督检查

有序做好机构改革背景下金融消费者权益保护监督检查各项工作。围绕关系群众切身利益的金融消费者权益保护领域重点问题，

稳妥完成金融消费者权益保护执法检查工作，依法依规办理金融消费者举报事项，规范高效组织开展上海地区金融机构金融消费者权益保护年度评估工作，有效保护好金融消费者合法权益。持续强化金融营销宣传行为监管，依托金融广告监测管理系统、"金融广告随手拍"微信小程序等监测手段，监测处置疑似违法违规金融营销宣传线索84条次，助力净化金融消费市场环境。

（三）金融消费者教育

制定印发《2023年金融知识宣传普及计划》，组织辖内金融机构分别于3月、6月开展"金融消费者权益日"活动和"普及金融知识守住'钱袋子'"活动，聚焦老年人等重点群体和郊区农村等重点地区，围绕人民群众对金融知识的实际需求和薄弱领域，通过线上线下多种渠道开展金融知识普及活动，提高金融消费者风险责任意识，提升社会公众金融素养。人民银行上海总部联合国家金融监督管理总局上海监管局、中国证券监督管理委员会上海监管局、上海市互联网信息办公室、上海市地方金融监督管理局开展2023年上海市"金融消费者权益保护教育宣传月"活动，扎实做好金融知识宣传教育，切实提升消费者对金融服务的获得感和满意度。围绕老年人金融素养和金融健康开展专题调研，及时转化调研成果，推动金融教育高质量发展。组织开展上海市2023年消费者金融素养问卷调查。

八、法治建设情况

（一）金融法律法规

在上海，金融监管与金融司法协同治理是2023年的一个特色。3月29日，上海金融

法院联合全市承担监管、自律职能的部门推出《金融司法与金融监管防范化解金融风险协同机制》，旨在集聚优势，交换意见、协调处置，打造一系列常态化协同工作板块，合力防范和化解金融风险，保障上海国际金融中心建设。4月18日，上海市检察院与中国银保监会上海监管局会签《加强银行保险领域行政司法协作、完善金融市场法治建设的合作备忘录》，双方通过多层次的深入合作，共同用法治手段保障金融市场安全，维护金融市场秩序，优化法治化营商环境。12月，国家金融监管总局上海监管局联合上海市高级人民法院、上海市人民检察院、上海市公安局、上海市互联网信息办公室、上海市市场监督管理局、上海市地方金融监督管理局和上海市通信管理局发布《关于防范不法贷款中介风险 规范金融营销行为的公告》，规范金融营销活动、提升金融服务质效、合法合规开展借贷行为，警示不法贷款中介严重危害，依法惩治违法犯罪行为。

10月1日，全国首部涉融资租赁行业的地方法规《上海市促进浦东新区融资租赁发展若干规定》正式施行，这是继《上海市浦东新区绿色金融发展若干规定》后又一部浦东引领区的金融法规，对于进一步规范和优化融资租赁行业发展环境，强化地方金融服务实体经济能力，推进国际金融中心核心区建设、更好融入和服务新发展格局具有重要意义。

2023年，人民银行上海市分行加大对违反金融法律法规行为的打击力度，依法作出30项行政处罚决定，涉及13家机构和17名直接责任人，罚没款金额总计人民币14 073.58万元。其中，非银行支付机构为年度行政处罚重点对象，涉及9家非银行支付机构，占被处罚机构的69%，罚没款金额占比达到82.8%。

（二）金融司法保障

2月22日，上海金融法院正式发布了关于金融市场案例测试首案的司法意见。该意见详细阐述了涉及金融市场基础设施纠纷的法律适用原则，并对测试案例的争议焦点进行了明确界定。此案是根据《上海金融法院关于金融市场案例测试机制的规定（试行）》所审理的首个测试案例。该案例由银行间市场清算所股份有限公司以及交通银行、浦东发展银行、兴业银行、法国兴业银行（中国）有限公司共同提出启动，其主要目的在于检验上海清算所中央对手方清算业务在违约情况下的处置规则的合法性和合理性。在测试首案中，上述4家银行作为申请人机构A，对被申请人上海清算所提起诉讼，要求上海清算所赔偿因违约处置给申请人带来的保证金损失。测试首案入选全球中央对手方协会年度案例，实现我国在该领域零的突破，被该协会称赞该案例有利于推动中国金融制度型开放，为全球新兴的集中清算市场法治化建设提供了有益参考。测试案例机制被评为上海金融创新奖、上海依法治市优秀案例和上海法院十大创新工作成果。

3月2日，上海金融法院发布《债券纠纷法律风险防范报告》，继2022年推出《私募基金纠纷法律风险防范报告》后，再次针对金融风险发布防范报告。深入梳理和全面分析债券市场风险，有序释放和平稳化解债券风险，对于防范和化解整体金融风险具有至关重要的意义。

9月，上海市国资委发布《监管企业案件纠纷和解调解操作指引》，鼓励国有企业金融纠纷和解。金融法院推动37家金融机构、上市公司递交概括性同意先行调解确认书，这些机构87.56%的案件通过诉前调解方式化解。

2023 年，上海金融法院诉前成功调解纠纷共计 2 238 件，诉前调解成功分流率高达 57.98%。同时，民商事撤诉率相比上年同期增长 27.86%，有效满足了人民群众多元化的解纷需求，切实做到了从源头化解纠纷。在执行方面，全年申请执行标的额达到 2 095.28 亿元，占全市法院执行标的额的 41.51%。执行完毕率同比明显增长，有力解决了"执行难"问题，充分保障了当事人的胜诉权益。此外，对于有财产可供执行的案件，法定审限内结案率高达 90%；对于无财产可供执行的案件，终本合格率和执行信访办结率等执行核心指标均达到 100%。这些数据显示，上海金融法院在执行质量、效率和效果方面均实现了全面提升。

持续推广上海金融法院《涉外金融交易争议解决及法律适用示范条款》，让更多具有国际规则引领意义的案件进入中国法院审理，有力提升我国金融司法话语权。审结中国民营企业承建海外体育场馆后被拖欠近 2 400 万元人民币工程款的独立保欺诈案件，有力督促外方在 40 天内付清工程款，维护中国企业"走出去"的合法权益，为"一带一路"建设保驾护航。该案件被写入最高人民法院两会工作报告。公正高效审结 4 起承认与执行外国法院裁判和仲裁裁决案件、认可与执行我国港澳台地区法院裁判和仲裁裁决案件，有效衔接国际金融通行规则，传递大国金融司法开放包容信号。深化长三角金融司法合作机制，上海金融法院、南京中院、杭州中院、合肥中院、苏州中院共同发布《关于服务保障科创金融改革的司法倡议》，为科创行业吸引外资、对接国际提供高质量全链条司法保障。

第三章
纽约国际金融中心发展情况

2023 年，纽约市金融服务业和金融机构的发展动能放缓。其中，银行业总资产同比增长 0.3%，盈利能力有所下降；证券业税前利润从高位回落至 2019 年以前的水平；保险业保持稳定。纽约金融市场规模保持全球领先。其中，股票市场市值、成交规模等指标稳居全球首位，债券、期货、外汇及利率衍生品等市场位于全球前列，纽约继续在全球资源配置和资产定价中发挥核心作用。

一、经济金融发展概况

根据美国经济分析局（Bureau of Economic Analysis，BEA）数据，2022 年纽约市的名义生产总值为 1.21 万亿美元，较上年增长 6.15%。生产总值构成中，金融保险，信息，教育、医护与社会救助，政府和政府企业等位居前列（见图 3-1）。

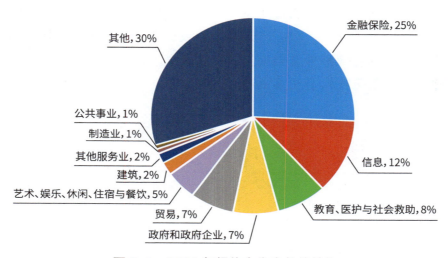

图 3-1　2022 年纽约市生产总值结构

（数据来源：BEA）

作为国际主要经济和金融中心，纽约是全世界最大跨国公司总部集中地，在银行、证券、保险等领域为美国乃至全球提供产品和服务，由此奠定其国际支配力和影响力。

2023 年的数据显示，世界 500 强企业中有 18 家总部位于纽约。[①] 从行业分类来看，银行等金融机构占 11 家，其他类型企业共计 7 家（见表 3-1）。

---

① 数据来源：www.fortunechina.com。

表 3-1　2023 年总部位于纽约的全球 500 强企业名单

单位：百万美元、位

公司名称	行业	营业额	利润	500 强排名
摩根大通公司	银行	154 792	37 676	53
威瑞森电信	电信	136 835	21 256	64
花旗集团	银行	101 078	14 845	99
辉瑞制药有限公司	制药	100 330	31 372	102
百事公司	食品：消费产品	86 392	8 910	135
大都会人寿	人寿与健康保险	69 898	2 539	183
高盛	银行	68 711	11 261	185
Stone X 集团	多元化金融	66 036	207	198
摩根士丹利	银行	65 936	11 029	200
美国纽约人寿保险公司	人寿与健康保险	58 445	−1 127	238
美国国际集团	财产与意外保险	56 437	10 276	248
美国运通公司	多元化金融	55 625	7 514	253
百时美施贵宝公司	制药	46 159	6 327	312
美国教师退休基金会	人寿与健康保险	40 911	494	366
Travelers 公司	财产与意外保险	36 884	2 842	409
华纳兄弟探索公司	影视	33 817	−7 371	449
菲利普莫里斯国际公司	烟草	31 762	9 048	480
派拉蒙环球公司	娱乐	31 331	1 104	492

数据来源：www.fortunechina.com。

　　纽约是金融机构的聚集地。截至 2023 年末，纽约市共有 54 家商业银行、11 家储蓄银行、57 家信用社、18 家大型金融控股公司（资产规模超 100 亿美元）等金融总部，另有 111 家外资银行分支机构和代表处[①]。从资产规模看，美国前 50 大金融控股公司中有 13 家位于纽约，总资产规模达 10.71 万亿美元，占全部机构资产的比重为 45.98%[②]。

　　纽约金融市场在全球金融资源配置中发挥核心作用。按交易对象划分，主要包括外汇市场、股票市场、债券市场、商品期货市场等。在外汇市场上，以纽约为主要代表的美国外汇交易量 2022 年全球占比达到 25.49%[③]，仅次于伦敦。在股票市场上，位

---

① 数据来源：Department of Financial Services；National Information Center；Federal Reserve System。
② 数据来源：National Information Center；Federal Reserve System。
③ 数据来源：BIS，该数据每 3 年更新一次。

于纽约的证券交易所[①] 股票市值 2023 年末达 48.97 万亿美元，占全球的比重为 43.06%；股票成交规模 96.94 万亿美元，占全球的比重为 52.84%[②]。此外，纽约在石油等能源期货、黄金等金属期货以及其他衍生品交易上位居全球前列。

二、金融服务业与金融机构

（一）银行业

联邦存款保险公司（Federal Deposit Insurance Corporation，FDIC）的报告指出[③]，2023 年美国银行业增长放缓，盈利能力有所下降。资产总量方面，2023 年末，银行业总资产达 23.7 万亿美元，同比增长 0.3%（见表 3-2）。其中，贷款和租赁总额增加 2 251 亿美元（1.8%），证券下降 4 489 亿美元（-7.6%）。资产质量方面，FDIC "问题银行

列表"中"问题银行"数量为 52 家，较上年增加 13 家。"问题银行"的总资产由上一年的 470 亿美元增加至 663 亿美元。贷款损失准备金总额为 2 178 亿美元，较上年增长 11.5%；拨备覆盖率达 203.31%，较上年下降 14.24 个百分点。盈利方面，银行业 2023 年全年净收入为 2 569 亿美元，同比减少 60 亿美元（2.3%），但仍远高于疫情前的 1 935 亿美元。净收入的下降源于非利息费用（增加 522 亿美元，或 9.7%）、拨备费用（增加 347 亿美元，或 67.2%）以及证券的实际损失（增加 76 亿美元，或 194.3%）的增加。以上三项增长之和超过净营业收入的增长（增加 794 亿美元，或 8.6%）。其中，非利息费用包括特别评估、商誉减值以及大型银行的法律、重组和其他一次性成本，拨备费用的增加是由于银行为信用卡和商业房地产贷款计提损失准备。

表 3-2　美国商业银行和储蓄机构的资产和负债[④]

单位：百万美元

指标	2023 年	2022 年	2021 年	2020 年	2019 年	2018 年
机构数量（个）	4 587	4 706	4 839	5 001	5 177	5 406
总雇员（人）	2 078 728	2 125 175	2 069 043	2 065 525	2 063 257	2 067 086
总资产	23 668 802	23 598 511	23 719 827	21 883 869	18 645 348	17 943 122
贷款和租赁总额	12 451 869	12 226 749	11 246 976	10 863 135	10 518 202	10 152 303
存款	18 813 298	19 214 548	19 701 959	17 823 558	14 535 283	13 866 258
总股本	2 294 660	2 204 533	2 357 373	2 225 125	2 111 105	2 022 559
30~89 天逾期	75 938	67 922	57 149	63 218	67 991	65 984
拨备覆盖率	203.31	217.55	178.82	183.71	129.88	124.39

数据来源：FDIC，Quarterly Banking Profile。

---

① 包含纽约—泛欧和纳斯达克等交易所。严格意义而言，纳斯达克是一个基于电子网络的无形市场，物理位置并非位于纽约，但其毋庸置疑是纽约国际金融中心资本市场的重要组成部分。
② 数据来源：WFE。成交规模包括交易所订单簿交易（EOB）、协商交易（Negotiated Deals）和报告交易（Reported Deals）的成交量。
③ 纽约市相关银行业统计数据缺乏，本部分采用美国银行业资料数据。由于纽约市银行业在美国具有突出的地位，因此全美银行业情况一定程度上可以反映纽约市情况。本部分数据来源于 FDIC 报告。
④ 纳入 FDIC 保险范畴的机构。

纽约市的数据显示，截至 2023 年末，主要银行业机构总资产合计 3.65 万亿美元。其中，联邦注册银行总资产合计 7 264 亿美元，州注册银行总资产合计 2.92 万亿美元（见表 3-3）。

表 3-3　2023 年纽约市银行业基本情况

单位：家、亿美元

机构类型	机构数目	总资产
纽约市	242	36 455
其中：商业银行	54	10 543
储蓄银行	11	412
储蓄贷款协会	1	21
信用社	57	178
外资银行分支机构	101	23 936
外资银行代表处	10	1 342
其中：州注册银行	135	29 191
联邦注册银行	107	7 264

数据来源：Department of Financial Services 2023 Annual Report，New York State。

（二）证券业 [①]

1. 收入与利润

受承销活动和证券交易减少，以及美联储加息的影响，2022 年证券业净收入（总收入减去利息费用）下降 14.7% 至 1 905 亿美元，税前利润下降 55.8% 至 258 亿美元。其中，美联储的加息政策导致利息支出在 2021 年到 2022 年间增加 7 倍多，显著削减行业利润。

2023 年上半年，证券行业表现相对稳定。收入端，各项收入稳步增加。其中，证券交易收入同比增加 114 亿美元，证券相关的其他收入（包括股息和投资利息、并购和安置费用）同比增加 518 亿美元，其他收入同比增加 200 亿美元。支出端，美联储的紧缩政策导致利息支出从上一年的 119 亿美元攀升至 996 亿美元。在薪酬等费用的驱动下，利息之外的各项支出同比增长 4.6%。整体而言，证券行业收入的增长被大幅增加的利息支出所抵消。2023 年上半年的净收入为 998 亿美元，同比增长 3.4%；税前利润为 130 亿美元，同比下降 4.3%。纽约国家审计局办公室（Office of the New York State Comptroller，OSC）的数据显示，2023 年全年证券业利润为 263 亿美元（见图 3-2）。

---

① 数据来源：Office of the New York State Comptroller，The securities industry in New York City。

图 3-2　纽约市证券行业利润

（数据来源：Office of the New York State Comptroller）

2. 就业

纽约市证券业的就业在 2000 年达到顶峰，工作岗位数达 201 100 个。随后由于"9·11"恐怖袭击和互联网泡沫的破灭，岗位数于 2003 年下降 35 200 个。在行业充分恢复之前，随后的国际金融危机使 2007 年到 2010 年又削减 22 600 个工作岗位。之后伴随行业的复苏，2019 年证券业的岗位数为 183 500 个，达 2008 年国际金融危机以来的最高水平。得益于远程工作对业务冲击的缓解，新冠疫情的暴发并未导致证券部门就业的大幅下降。2020 年，在整个私营部门就业人数下降 12.2% 的情况下，证券部门就业人数仅下降 1.6%（29 002 人）。虽然证券部门在 2021 年又失去 300 个工作岗位，但这一趋势在 2022 年出现逆转，当年证券部门增加 10 500 个工作岗位，证券就业人数达 190 800 个，为 2001 年以来的最高水平。初步数据显示，证券行业在 2023 年再增加 4 300 个工作岗位。

虽然纽约市拥有全美最多的证券行业就业机会，但由于就业向低成本地区转移，纽约市在美国证券业就业岗位中的份额长期下降。数据显示，纽约市的份额从 1990 年的 33% 下降到 2007 年的 21%，并进一步下降到 2023 年的 18.1%。

从全美范围来看，纽约州聚集了最多的证券岗位，2022 年全州共有 207 500 个行业职位，是排名第二的加利福尼亚州（97 100 个）的 2 倍多。

3. 奖金与工资

证券业的薪酬制度在国际金融危机之前鼓励过度冒险。国际金融危机后新法规和准则改变了薪酬发放方式，主要表现为提高基薪，主要奖金延迟至未来年份发放且与绩效挂钩。尽管如此，纽约市证券业奖金支付仍占到私营部门的 51%，工资支付占到私营部门的 21%，而证券业的就业仅占私营部门的 4.9%。

OSC 公布的数据表明，2022 年，纽约市证券从业人员的奖金池同比下降 21% 至 337 亿美元。行业雇员的平均奖金下降 25% 至 180 000 美元。2024 年 3 月，OSC 根据税收扣缴趋势估计 2023 年纽约市证券行业员工奖金进一步下降至 176 500 美元（见图 3-3）。

图 3-3　纽约市证券行业人均奖金

（资料来源：OSC）

2022 年，纽约市证券业平均工资（包括奖金）较上年下降 3.7% 至 497 420 美元。尽管下降，2022 年的工资水平依旧为历史第二高。证券业的工资水平在纽约市所有行业中排名最高，几乎是排名第 2 位的信息服务业（272 410 美元）的 2 倍。排名第 3 位至第 5 位的行业分别是基金与信托管理（263 170 美元）、银行业（240 180 美元）和公司管理（233 140 美元）。证券业的平均工资是其余私营部门的 5 倍以上。该差异虽然比 2007 年的 6 倍有所收窄，但远高于 1981 年的 2 倍。

2022 年，纽约州证券业的平均工资为 473 750 美元，是全国其他地区平均水平（225 620 美元）的 2 倍多。纽约州的行业高平均工资反映了高薪酬员工的集中度，如首席执行官。《多德—弗兰克法案》要求上市公司报告首席执行官工资与行业中位数的比率。根据 2022 年的数据，标普 500 成分股中总部设在纽约州的金融公司的首席执行官工资与行业中位数比率为 328 倍，较上年的 261 倍大幅增加。该数据显著高于全国的 218 倍。

4. 经济贡献与税收

2022 年纽约州证券业占全州生产总值的 6.1%，大幅高于排名第 2 位的康涅狄格州（3.7%）和第 3 位的马萨诸塞州（2.8%）。除此之外，所有其他州的占比均不到 2%（多数低于 1%）。

在税收贡献上，证券业是纽约市以及纽约州的主要税收来源。就纽约市而言，OSC 估算的数据显示，2022—2023 财年，纽约市证券业税收额达 54 亿美元，占纽约市总税收额的 7.5%。其中，个人所得税占证券业全部税收收入的 74%。就纽约州而言，OSC 数据显示，2022—2023 财年，纽约州证券业税收额为 288 亿美元，同比增长 25%。其中，个人所得税占比高达 89%。由于更依赖个人所得税收入，纽约州对华尔街税收收入的依赖性超过纽约市。证券业税收额占纽约州 2022—2023 财年总税收额的 18.2%，高于纽约市的 7.5%。

（三）保险业

根据纽约州金融服务局（Department of Financial Services，DFS）统计，截至 2023 年底，由其监管的保险公司达 1 959 家。其中，财产保险公司超过 1 173 家，总资产为 2.6 万亿美元，保费总额为 7 230 亿美元；意外和健康保险公司 92 家，总资产为 756 亿美元，保费总额为 624 亿美元；寿险公司超 630 家，包括 128 家持牌机构，总资产规模达到 3.7 万亿美元，保费总额约为 2 810 亿美元[1]。

三、金融市场运行

（一）货币信贷市场

纽约货币市场是纽约短期资金借贷市场，是全球主要货币市场中交易量最大的市场，包括联邦基金市场、定期存单市场、国债市场、商业票据市场和货币市场互助基金等。由于纽约货币市场的主要交易由供求双方直接或间接通过经纪人进行，不存在固定交易场所，缺乏权威交易统计数据，因此对该市场的规模难以准确估计。

在信贷市场上，根据 FDIC 统计，截至 2023 年末，纽约州银行机构[2] 总资产为 1.67 万亿美元，资产质量、资产收益及信贷结构分布详见表 3-4。

表 3-4　纽约信贷市场及银行机构基本情况

单位：百万美元、家、%

指标	2023 年	2022 年	2021 年
一般信息			
总资产	1 670 672	1 710 118	1 604 642
新机构数（＜3 年）	1	1	3
机构数	117	121	126
资产质量			
逾期及非应计贷款／总贷款（中位数%）	0.97	0.95	0.90
非流动贷款／总贷款（中位数%）	0.43	0.47	0.53
损失准备金／总贷款（中位数%）	1.04	1.05	1.17
损失准备金／非流动贷款（中位数倍数）	1.91	1.69	1.57
净贷款损失／总贷款（中位数%）	0.03	0.02	0.03
资本／收益			
一级资本杠杆率（中位数%）	10.19	10.34	9.89
资产回报率（中位数%）	0.71	0.85	0.92
税前资产回报率（中位数%）	0.94	1.05	1.14
平均资产准备金率（中位数%）	3.13	3.29	0.20
流动性／敏感性			
净贷款占总资产比重（中位数%）	70	67	64
长期资产占总资产比重（中位数%）	39	40	40

[1] 资料来源：DFS Annual Report 2023。
[2] 纳入 FDIC 存款保险范围的机构。

指标	2023 年	2022 年	2021 年
贷款集中度（中位数，合格总资本百分比）			
商业和工业	36	35	52
商业房地产	229	220	206
住宅房地产	173	160	166
消费	4	4	4
农业	0	0	0

资料来源：FDIC。

（二）外汇及利率衍生品市场

纽约外汇市场是全球最主要的外汇市场之一。参与者以商业银行为主，包括 50 余家本土银行及 100 多家外资银行在纽约的分支机构和代表处。纽约各大银行与世界各地外汇市场 24 小时保持联系，经济体间的套汇和其他交易活动可立即完成。

根据外汇交易委员会（Foreign Exchange Committee）统计[1]，2023 年 10 月，北美地区场外市场日均外汇交易量（含即期、远期、掉期、外汇期权）达 10 210.09 亿美元，同比增长 4.6%（见表 3-5）。从交易工具来看，即期、远期、掉期、外汇期权交易量分别较上年上涨 2.7%、7.6%、2.5% 和 18.9%。从交易货币对来看，交易增幅最大的是美元 / 墨西哥元货币对，日均交易量较上年增加 156 亿美元；降幅最大的是美元 / 韩元货币对，日均交易量较上年减少 11 亿美元。从交易币种来看，美元在全部交易中的占比为 92.1%，欧元占比为 26.4%，日元占比为 16.0%（见表 3-6）[2]。

在利率衍生品市场（包含远期利率协议、利率掉期、利率期权及其他利率衍生产品）上，2022 年 4 月，纽约市场日交易量达到 18 870 亿美元，较 2019 年同期下降 22.8%[3]。

表 3-5　北美每日外汇交易量

单位：百万美元、%

交易工具	2023 年 10 月	2022 年 10 月	增长率
即期交易	436 092	424 810	2.7
远期交易	192 631	178 946	7.6
掉期交易	316 692	308 954	2.5
外汇期权	75 594	63 554	18.9
合计	1 021 009	976 264	4.6

资料来源：Foreign Exchange Committee，*FX Volume Survey Results*，2023。

[1] 数据来源：Foreign Exchange Committee，FX Volume Survey Results，2023。
[2] 双向计算，即总和为 200%。
[3] Federal Reserve Bank of New York，The Foreign Exchange and Interest Rate Derivatives Markets：Turnover in the United States，2022。报告数据每三年更新一次。

表 3-6 近年来全球主要外汇交易币种市场占比

单位：%

币种	2023 年	2022 年	2021 年	2020 年	2019 年	2018 年	2017 年	2016 年
美元	92.1	92.2	90.7	90.7	89.2	87.0	87.3	87.4
欧元	26.4	27.6	27.3	29.3	29.7	30.7	32.0	30.5
日元	16.0	16.5	15.9	17.6	18.3	19.3	19.1	20.2
其他	65.5	63.7	66.1	62.4	62.8	63.0	61.6	61.9
合计	200.0	200.0	200.0	200.0	200.0	200.0	200.0	200.0

数据来源：Foreign Exchange Committee，*FX Volume Survey Results*，2023。

（三）股票市场 [①]

纽约主要的股票市场包括纽约—泛欧交易所集团美国中心（NYSE Euronext US）、纳斯达克市场（NASDAQ）等。

纽约—泛欧交易所集团美国中心：它是全球最大的证券交易市场，2023 年末，其市值达 25.56 万亿美元，居全球交易所首位（见图 3-4）。

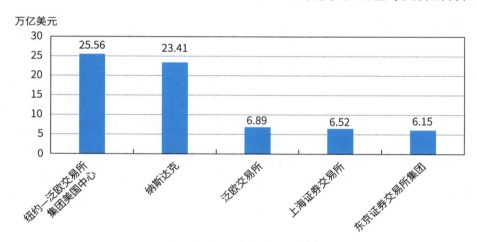

图 3-4 2022 年末全球主要股票交易所市值情况

（数据来源：WFE）

2023 年，交易所上市公司数量为 2 272 家，较上年减少 133 家。其中，本国企业 1 709 家、外国企业 563 家。外国企业数全球排名第 5 位，落后于圣地亚哥证券交易所（1 272 家）、纳斯达克（826 家）、维也纳证券交易所（786 家）和莫斯科证券交易所（634 家）。

从融资规模上看，2023 年，纽约—泛欧交易所集团美国中心 IPO 融资规模为 57.61 亿美元，融资量低于上海证券交易所（269.52 亿美元）、深圳证券交易所（208.73 亿美元）、纳斯达克（106.62 亿美元）和香港证券交易所（57.77 亿美元）。

从成交金额上看，2023 年，纽约—泛欧交易所集团美国中心股票成交金额为 26.51 万亿美元，占全球的比重为 14.45%。成交量位居全球第二，仅次于纳斯达克。

基础股票之外，纽约—泛欧交易所集团美国中心在证券衍生品交易上也位居全球前

[①] 数据来源：如无其他注明，本节数据均来自 WFE。

列。2023 年，该交易所 ETF 期权的成交合约数为 9.19 亿张，股票期权成交合约数为 10.56 亿张，分别位居全球第四和第八。

纳斯达克：2023 年末，纳斯达克共有 3 432 家上市公司，其中，外国公司 826 家。市值总规模达到 23.41 万亿美元，位居全球第二。融资规模方面，2023 年，纳斯达克新上市公司数量为 276 家，IPO 融资规模为 106.62 亿美元。成交金额方面，纳斯达克继续位居全球第一，其 2023 年交易规模为 70.43 万亿美元，全球占比为 38.39%[①]。

另外，纳斯达克市场在证券衍生品交易上也位居全球前列。2023 年纳斯达克市场股票期权合约成交为 17.74 亿张，交易量位居全球第三；ETF 期权合约成交量为 13.42 亿张，交易量居全球首位。

（四）债券市场[②]

纽约债券市场规模庞大、种类丰富。从

信用等级来看，既有国债等信用程度高的债券，也有小型公司发行的"垃圾债券"；从发行主体来看，有国债、市政债券、抵押贷款支持证券、资产支持证券、公司债、联邦机构证券、货币市场工具等。证券业及金融市场协会（Securities Industry and Financial Markets Association，SIFMA）的数据显示，2023 年美国债券市场规模持续增长，其中，国债 26.37 万亿美元、公司债 10.74 万亿美元、市政债券 4.06 万亿美元、联邦机构证券 1.96 万亿美元、货币市场工具 1.18 万亿美元（占比见图 3−5）。此外，在衍生金融工具支持上，有信用违约互换（CDS）和债券抵押债务凭证（CBO）等一大批金融工具起到分散风险和推动交易的作用。纽约债券市场是美联储进行公开市场操作的重要场所，债券交易既可以在场外进行，也可以在证券交易所内进行，但场外市场是债券交易的主要市场。

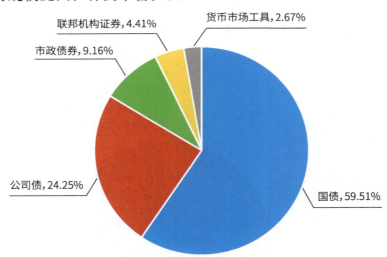

图 3−5　2023 年美国债券存量结构[③]

（数据来源：SIFMA）

---

① 数据来源：WFE；NASDAQ 网站。
② 美国债券市场以场外市场为主，并不存在一个完全地理上在纽约的"市场"。但纽约仍是债券交易的主要中心，因此本部分以全美债券市场数据来说明情况。
③ 2023 年，SIFMA 未公布抵押贷款支持证券（MBS）和资产支持证券（ABS）的存量规模。

2023年，美国债券发行量为8.27万亿美元，同比下降6.87%。其中，国债、公司债、联邦机构证券发行量占据前三位，占比分别为42.55%、17.48%和16.17%（见图3-6）。

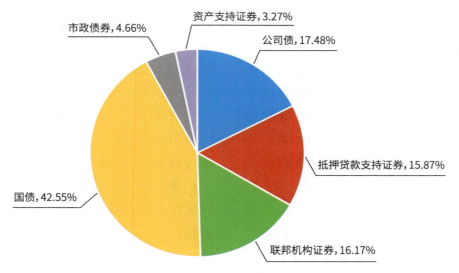

图3-6　2023年美国债券市场发行结构

（数据来源：SIFMA）

从债券市场交易量来看，美国债券市场交易十分活跃。由于以场外交易为主，加之双边报价商制度和电子交易系统普遍应用、债券做市商制度健全，美国债券市场成为全球流动性最高的市场。2023年，美国债券市场日均交易量为1.08万亿美元。其中，国债交易量排名第一，占交易总量的比重为70.67%；抵押贷款支持证券（MBS）位居第二，占比为23.79%；余下为公司债、市政债券等（见图3-7）。

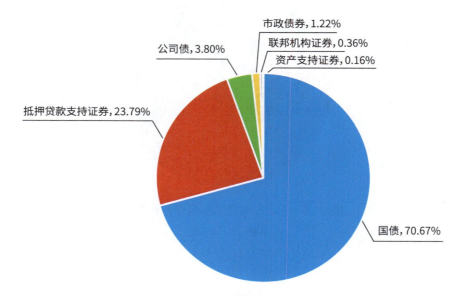

图3-7　2023年美国债券市场交易结构

（数据来源：SIFMA）

此外，美国债券市场投资者结构较为均衡，主要有银行、基金、个人、保险公司以及国际投资者等。债券市场收益率曲线比较完备，为国内外投资者提供了重要参考。

（五）商品期货市场

纽约主要的商品期货交易所是纽约商品交易所，曾为世界上最大的商品期货交易所之一，于 2008 年被芝加哥商业交易所（Chicago Mercantile Exchange，CME）集团收购，目前主要由两个分支机构——纽约商业交易所（New York Mercantile Exchange，NYMEX）和纽约金属交易所（Commodity Exchange，COMEX）组成。其中，NYMEX 主要侧重于交易能源产品、白金和钯等期货期权合约；而 COMEX 主要交易金、银、

铜和铝等期货期权合约，是美国乃至全球最大的黄金期货、期权及其他衍生产品的交易场所。

2023 年，纽约商品交易所衍生品合约成交量为 6.79 亿手[①]，较上年增长 6.25%。纽约商品交易所的成交量约占 CME 集团总体交易量的 11.13%，占比较上年上升 0.2 个百分点。尽管交易总量在全球并不具备显著优势，但在部分交易品种上，纽约商品交易所仍居支配地位。从交易量来看，在全球交易量排名前 20 位的能源期货期权合约中，纽约商品交易所占据 5 席，其中，NYMEX 的 WTI 轻质低硫原油期货和亨利港天然气期货分别位居第五、第七。在全球金属业期货期权交易量排名中，COMEX 占据前 20 位中的 1 席，黄金期货位居第十二（见表 3-7）。[②]

表 3-7 纽约商品交易所主要产品交易量及增速

单位：手、%

合约名	能源排名	2023 年	2022 年	增长率
WTI 轻质低硫原油期货	5	204 473 362	205 997 830	−0.7
亨利港天然气期货	7	102 109 201	85 875 540	18.9
RBOB 汽油实物（RB）期货	16	42 801 006	41 039 130	4.3
纽约港 ULSD 柴油期货	18	39 297 744	39 668 782	−0.9
天然气（LN）期权	20	34 218 134	23 906 492	43.1
合约名	金属排名	2023 年	2022 年	增长率
黄金期货	12	56 460 012	54 261 767	4.1

数据来源：*FIA 2023 Volume Survey*。

四、金融监管

（一）银行业监管

美国拥有联邦和州政府两级银行业监管机构。联邦政府主要有 5 个监管机构：美国货币监理署（Office of Comptroller of Currency，OCC）、联邦存款保险公司（Federal Deposit Insurance Corporation，FDIC）、美联邦（Federal Reserve System，FED）、储蓄

---

① 数据来源：FIA Exchange Ranking 2023。
② 数据来源：FIA 2023 Volume Survey。

机构监管署（Office of Thrift Supervision，OTS）和国家信用社管理局（National Credit Union Administration，NCUA）。除联邦之外，州政府设立银行监管机构，行使对银行体系的监管职责。

美国货币监理署（OCC）：OCC通过两个管理委员会完成其银行监管职责，即银行监管委员会（CBS）和国家风险委员会（NRC）。CBS确保监管活动、政策和计划的协调，使其与OCC的战略计划和目标保持一致。NRC识别和评估行业现有和新兴风险，并协调机构的监管和政策问题。2023年期间，OCC通过推动一系列措施确保联邦政府银行系统安全、合理、公正的运行。

（1）维护银行业稳定。2023年春季的市场动荡表明，少数地区性银行的压力可能对银行系统的稳定和信任产生影响。为督促银行管理层及时解决潜在问题以维护公共信任，OCC更新了银行执法行动政策和程序手册，明确银行管理层如果未能针对先前的执法行动解决银行的潜在问题，会面临一定惩罚，包括在适当情况下的增长限制和资产剥离。此外，鉴于银行和第三方（包括金融科技公司）的关系日益紧密，2023年6月，OCC、美联储理事会和FDIC联合发布"第三方关系的跨机构指导：风险管理"。该联合指南取代了各监管机构关于第三方风险管理的现有指南，以促进监管的一致性。联合指南指出，并非所有第三方关系都反映相同的风险水平，健全的第三方风险管理要考虑银行组织的风险水平、复杂性、规模以及第三方关系的性质。最后，OCC还支持美国联邦金融机构检查委员会（FFIEC）更新《FFIEC银行保密法／反洗钱（BSA/AML）检查手册》，以强化以风险为重点的BSA/AML检查方法。更新反映了OCC致力于提高BSA/AML制度的有效性

和减轻银行负担的承诺。

（2）减少银行业的不平等。OCC是跨机构的"财产评估和估价公平（PAVE）工作组"的积极成员，致力于解决房地产评估中的偏见问题。2023年6月，OCC联合其他监管机构发布"关于重新考虑住宅房地产估值（ROV）的跨机构指导意见（征求意见稿）"。该指导意见强调担保品估值缺陷的风险，概述适用的法律、法规和现有ROV指南，解释如何将ROV纳入现有的风险管理功能，并提供银行可采用的ROV政策和程序的示例。OCC还与跨机构合作伙伴提出一项规则，旨在实施住宅房地产自动估值模型的质量控制标准。该标准通过随机抽样测试和审查，防止数据操纵，确保模型生成的估值具有高度的准确性。

（3）提升金融包容性。2023年4月，OCC主办有关"金融健康"的讨论会，将金融健康作为银行的核心目的：帮助客户实现财务稳定，以便客户能够履行常规的财务义务，并具有应对不利情况的能力。9月，OCC联合美国住房和城市发展部、联邦住房金融局提出特别目的信贷计划（SPCP），鼓励贷款人探索开发符合《平等信贷机会法》、《条例B》及安全与稳健贷款原则的特别目的信贷计划，以满足符合条件的信贷需求。此外，OCC还协助FFIEC的消费者合规工作组采纳修订后的《公平债务催收实践法》及其实施条例《条例F》的审查程序。修订后的审查程序纳入《公平债务催收最终规则》，程序强调消费者保护的判定、禁令和要求。

（4）推进数字化转型。一是成立金融技术办公室（OFT）。OFT于2023年4月成立，目的是增强OCC对银行业技术变化的适应能力，以提供高质量的银行—金融科技合作伙伴关系监管。二是维护网络安全。保护客户

数据和资产免受网络攻击是维持公众信任的优先事项。随着网络攻击的发展和网络安全评估工具与框架的日益标准化，OCC 认为有必要更新其网络安全评估的监督方法。"网络安全监督工作计划"提供了与美国国家标准与技术研究所的网络安全框架相一致的监督目标和程序。三是加强对数字资产的监管。OCC 加强与其他机构合作，应对数字资产带来的风险和机会。

（5）颁发执照许可。OCC 通过发牌活动确保银行根据法律法规的原则建立和维持公司结构。2023 财年，OCC 共接到 723 项公司业务申请，批准 680 项，有条件批准 20 项。

（6）参与执法行动。OCC 通过调查、诉讼以及执法行动确保银行业健康发展。自 2010 年以来，针对银行的正式执法行动数量普遍下降，反映出银行风险管理实践和经济状况的总体改善。2023 年，OCC 共开展 43 项正式执法行动，罚款总额为 1.07 亿美元。

联邦存款保险公司（FDIC）：截至 2023 年 9 月，FDIC 投保存款余额达到 10.6 万亿美元，分属于 4 623 家机构；实际监管 2 952 家机构，并管理 74 家活跃接管机构，资产总额接近 846 亿美元 [①]。2023 年，FDIC 在金融监管方面专注于以下工作。

（1）妥善处理银行破产事件。3 月 12 日，FDIC 联合美联储委员会和财政部，认定硅谷银行的倒闭属于系统性风险，明确对硅谷银行的处置可援引"系统性风险例外"（Systemic Risk Exception）条款，突破"处置成本最小化"限制。这使 FDIC 在清算倒闭银行时，可为包括无保险存款人在内的所有存款人提供存款保险保护。该举措有效遏制了硅谷银行倒闭带来的潜在传染，维护了银行系统的稳定。

（2）管理存款保险基金（Deposit Insurance Fund，DIF）。根据《联邦存款保险法》的要求，FDIC 需要在 2028 年 9 月 30 日之前将 DIF 储备比率（DIF 余额与总保险存款的比率）恢复至 1.35% 的法定最低比率。由于银行倒闭导致的损失准备，2023 年底 DIF 余额降至 1 218 亿美元，DIF 储备比率降至 1.13%。为补充 DIF，FDIC 于 11 月批准一项最终规则，以每年 0.134% 的比率向总资产高于 50 亿美元的银行（114 家）收取特别评估费，以实现最低储备比率要求。

（3）探索存款保险制度改革。为解决存款保险在促进金融稳定和防止银行挤兑方面存在的问题，FDIC 启动审查并发布报告《存款保险改革选项》。报告评估了三种存款保险系统改革方案：一是有限覆盖，保留了目前的存款保险结构，即适用于所有存款人和账户类型的有限的存款保险保障额度；二是无限覆盖，向所有存款人提供无限的存款保险；三是有针对性的覆盖，对不同类型账户提供不同的存款保险保障水平，并为企业支付账户（payment account）提供更高的保障。报告认为，有针对性的覆盖方案有相对较大的金融稳定效益和相对较小的道德风险成本。但该方案面临账户区分和限制存款人及银行规避覆盖差异的挑战。

（4）完善《社区再投资法案》（Community Reinvestment Act，CRA）。2023 年 10 月，FDIC 联合美联储和 OCC 通过了一项最终规则，以完善《社区再投资法案》。主要内容：一是针对网络服务的兴起，要求大型银行在其物理覆盖范围以外的区域建立零售贷款评

---

① 数据来源：*FDIC Annual Report*，2023。

估区，新评估区域的贷款将接受 CRA 审查和评估。二是根据银行规模、复杂性和业务类型调整评估和数据报告要求。小型银行继续按照现有监管框架进行评估和报告，资产超过 20 亿美元的银行需收集和报告社区发展数据，资产超过 100 亿美元的银行还面临存款和零售银行产品的数据收集及报告要求。三是要求大型银行披露每个评估区域的住房抵押贷款发放和申请的分布情况，以提高信息透明度。四是对中低收入社区灾害预防活动提供信用支持，如建立防洪系统、改造住房以抵御气候灾害等。

（5）完成《巴塞尔协议Ⅲ》资本规则。2023 年 7 月，FDIC 联合美联储委员会和OCC 发布拟议规则，旨在修改大型银行资本要求，以更好地反映潜在风险。提案在信用风险、市场风险、操作风险、信用估值调整风险四个领域修改大型银行（总资产达 1 000 亿美元或以上）的资本框架。提案还借鉴 3 月银行业危机的教训，要求大型银行将证券的未实现盈亏纳入其资本比率，并遵守补充杠杆率要求和逆周期资本缓冲要求。

（6）应对气候变化带来的金融风险。2023 年 10 月，FDIC、美联储委员会和OCC 联合发布大型金融机构气候风险管理指导意见，提供了有关治理、政策与程序、战略规划、风险管理、数据与风险测量，以及情景分析的一般原则。指导意见还就如何在传统风险领域（如信用风险、流动性风险、操作风险和法律合规风险）应对气候相关金融风险提供指导。

（7）评估和应对加密资产的风险。与加密资产活动相关的风险新颖且复杂，可能涉及市场安全、消费者保护、反洗钱和《银行保密法》等金融稳定问题。因此，FDIC 与其他联邦银行机构相互协调，密切监控与银行

相关的加密资产活动。例如，FDIC 要求所有被监管机构在考虑参与或已经参与加密资产相关活动时通知 FDIC，并提供所有必要的信息，以便 FDIC 进行各项评估。2023 年初，FDIC 联合美联储和 OCC 发布了两份关于加密资产的联合声明。第一份声明涉及加密资产的风险，如加密资产市场的显著波动，加密资产行业的风险管理和治理实践尚不健全，以及加密资产公司不准确或误导性的陈述或披露等。第二份声明强调与加密资产实体的资金来源相关的流动性风险。

（8）维护网络安全。评估网络安全实践是 FDIC 监管计划的重点。除常规检查程序外，2023 年，FDIC 联合美联储和 OCC 还对重要服务提供商进行了供应链风险的横向审查。

美联储：美联储的主要职能包括执行货币政策和监测经济发展、促进金融体系稳定、监管金融机构及其活动、促进支付与结算系统的安全和效率、促进消费者保护和社区发展。2023 年，美联储在监管领域的举措包括以下方面。

（1）开展压力测试与专项检查。自 2007年次贷危机以来，美联储通过压力测试监控大型银行机构的资本状况。2023 年 6 月，美联储年度压力测试的结果表明，接受测试的大型银行机构拥有充足的资本水平，能够在严重衰退期间继续向家庭和企业提供贷款。2023 年 7 月，美联储公布了大型银行的个别资本要求，包括基于 2023 年压力测试结果的压力资本缓冲要求。以上要求自 2023 年 10 月 1 日起生效。此外，美联储还对受托活动、转让代理活动、政府和市政债券交易和经纪，以及网络安全和关键基础设施等领域进行专项检查。

（2）确保运营韧性、信息技术和网络安全。有效的运营风险管理和韧性对于金融机

构的安全稳健和美国金融体系的稳定至关重要。2023 年 6 月，美联储联合 FDIC 和 OCC 发布"关于第三方关系的跨机构指导：风险管理"，该指导描述了银行机构对第三方关系进行风险管理的原则和考虑事项，包括网络安全和操作风险的关键考虑因素。此外，美联储与其他联邦银行监管机构密切协调，对大型金融机构和服务提供商进行了信息技术（包括网络风险管理活动）检查和有针对性的网络安全评估，并在《银行服务公司法案》（*Bank Service Company Act*）的授权下，对金融机构技术服务提供商进行检查。

（3）加强对加密资产相关活动的监管。2023 年，美联储推出新型活动监督计划，目标是促进银行机构的创新，同时识别和适当应对风险，以帮助确保银行系统的安全和稳健。该计划重点关注与加密资产、分布式账本技术相关的新型活动，以及由非银机构复杂技术驱动的合作伙伴关系。2023 年，美联储就银行机构参与加密资产相关活动及与加密部门的互动发布了多项声明。1 月，针对银行机构，美联储联合 OCC 和 FDIC 发布一份关于加密资产关键风险的联合声明，强调的风险包括欺诈、法律不确定性、误导性陈述和披露、波动性、稳定币的运行、加密资产参与者之间的关联性，以及与去中心化网络相关的风险等。2 月，3 家机构发布了第二份联合声明，重点关注与加密资产活动相关的流动性风险和资金流动带来的潜在波动。8 月，美联储发布"州立银行寻求参与美元代币活动的监督非反对程序"的信函①，描述了州立银行在进行涉及"美元代币"的活动之前寻求监督非反对意见的程序。信函指出，美联

储将重点关注操作、网络安全、流动性、非法金融和消费者合规风险。

（4）应对气候相关的金融风险。美联储努力增强大型金融机构应对气候变化相关的金融风险的韧性。2023 年，美联储启动气候情景分析试点练习。该练习考虑了不同程度的物理风险和转型风险对银行资产负债表的影响，旨在了解大型银行机构的气候风险管理实践，并提高大型银行机构和监管者识别、衡量、监控与气候相关的金融风险的能力。10 月，美联储联合其他联邦银行监管机构确定了大型金融机构气候金融风险敞口管理的框架原则。该原则适用于总资产在 1 000 亿美元及以上的机构，涉及与气候变化相关的物理风险和转型风险。

（5）采取执法行动。2023 年，美联储完成 63 项正式执法行动，总计罚款金额为 5.42 亿美元，所有罚款上缴美国财政部或联邦紧急管理局。此外，美联储还完成 99 项非正式执法行动，包括谅解备忘录、承诺函、监管函和董事会决议。

纽联储：作为美国联邦储备系统中最重要、最具影响力的储备银行，纽联储承担着执行货币政策的任务。其资产负债表反映了联邦公开市场委员会（Federal Open Market Committee，FOMC）的政策指引和市场状况。近两年，高通胀一直是美国经济面临的最大挑战之一。美联储于 2022 年 3 月开启加息周期，2023 年继续实施一系列加息、缩表行动，以推动通胀水平下降。截至 2023 年末，分配至纽联储的公开市场系统账户（System Open Market Account，SOMA）中资产份额为 4.30 万亿美元，较 2022 年末减少 0.13

---

① SR-23-8/CA-23-5，"Supervisory Nonobjection Process for State Member Banks Seeking to Engage in Certain Activities Involving Dollar Tokens".

万亿美元，反映出央行系统资产负债表的收缩趋势[①]。在具体资产构成中，以国债、抵押贷款支持证券为主，其余额为 4.17 万亿美元，低于 2022 年末的 4.32 万亿美元。除货币政策操作执行之外，纽联储也是联储系统中最有力的监督者，其在 2023 年继续支持美联储促进金融稳定的使命，并提供安全有效的金融服务。

专栏 9　2023 年美欧银行业风波后的监管动向

自 2023 年 3 月起，硅谷银行、瑞士信贷等美欧银行接连出险。为避免重蹈覆辙，美欧监管机构在后续政策改革中都作出了针对性安排，但两地监管的着力点有所区别。

从美国看，2023 年 7 月，美联储等监管部门发布联合提案，即所谓"美版巴塞尔协议III"。提案对现行标准主要作出如下调整：一是资本要求一致化。为提高吸收损失能力，提案要求第三类和第四类[②]银行在计算监管资本时纳入可出售债券的未实现损益，并规定补充杠杆率和逆周期资本同样适用于第四类银行。二是风险计量方法标准化。在信用风险与操作风险方面，要求一至四类银行使用风险敏感的标准化计量方法，不再允许使用内部模型。在市场风险方面，提出标准化风险加权资产计量方法，以更好地反映尾部风险和流动性风险。银行仍可使用内部市场风险模型，但需向监管机构进行申请。在信用估值调整（CVA）风险方面，推出不依赖模型的新方法。三是改进附加资本计算方法。修改 G-SIBs 附加资本的计算方法。使用年均指标替代年终指标，防止银行突击迎检；缩小附加资本增幅的基点，避免附加资本要求大幅上升（悬崖效应）。

"美版巴塞尔协议III"提案始于 2020 年，2023 年春季爆发的银行业动荡影响了政策制定。有观点把关于可出售债券的未实现损益、附加杠杆比率、逆周期资本和 G-SIBs 附加资本等方面的规定看作对动荡的回应。然而，由于担心资本要求过高可能削弱银行业竞争力，该提案在美国国内遭到激烈反对。迫于压力，美国监管机构有望对提案进行修改。2024 年 3 月美联储主席鲍威尔在国会听证时表示，拟议监管规则将发生"广泛而实质性的变化"。

从欧盟看，2023 年 4 月，为进一步改善危机应对机制，欧盟委员会提出银行危机管理和存款保险框架（CMDI）的改革建议，目标是保护纳税人与存款人，降低纾困成本，减少对经济的冲击。具体包括以下内容：一是优化早期干预。修订早期干预的条件，为相关行动提供法律依据；加强欧盟单一处置委员会（SRB）、欧央行和成员国主管当局之间的合作。二是改进公共利益评估（PIA）。将 PIA 扩大至对区域经济的影响，使政策更倾向于中小银行；要求救助方案应选择成本最低者。三是严格纾困资金使用。规定在特定条件下，方可使用存款担保计划（DGS）

---

① *Consolidated Statements of Condition*，Federal Reserve Bank of New York，2023.
② 一至四类银行机构（Category I – IV）分别为：美国的全球系统重要性银行机构（G-SIBs）；总资产规模在 7 000 亿美元以上（含）或跨境业务规模在 750 亿美元以上（含）的银行机构；总资产规模在 2 500 亿美元以上（含）并且加权短期批发性融资、非银行资产或表外风险敞口规模在 750 亿美元以上（含）的银行机构；总资产规模在 1 000 亿美元至 2 500 亿美元之间的银行机构。属于第四类银行的硅谷银行此前没有采取该计算方法。

资金。DGS 资金使用规模由成员国根据最小成本原则决定。四是统一各类存款的优先级。消除以往不同类型存款救援优先级上的差异。

2022 年欧盟提出要重点加强危机管理，完善存款保险框架。2023 年银行业动荡凸显了相关工作的紧迫性。不过也有观点认为，由于缺乏统一的欧盟存款保险制度以及紧急流动性救助，上述改革方案并不能在危机中有效发挥作用。部分业界人士则表示改革可能导致大银行向小银行补贴，优秀银行为失败银行买单，影响市场公平和效率。

美欧两地监管机构在实施巴塞尔协议 III"终局"规则和存款保险改革等方面都有所举措。从舆论反映中可以看出，美国对危机预防的政策设计以及欧盟在危机应对方面的改革更加吸引市场关注。

（二）证券期货业监管

美国各类证券市场及证券业主要由证券交易委员会 (Securities and Exchange Commission, SEC)、美国金融业监管局 (Financial Industry Regulatory Authority，FINRA)[①]、商品期货交易委员会（Commodity Futures Trading Commission，CFTC）以及市政债券决策委员会（Municipal Securities Rulemaking Board，MSRB）等监管机构监管。

证券交易委员会（SEC）：SEC 的使命是保护投资者，维护公平、有序、高效的市场，并促进资本形成。SEC 在 2023 财年主要开展以下活动。

（1）加强执法行动。2023 财年，SEC 开展 784 起执法行动，同比增长 3%，其中，独立执法行动 501 起，同比增长 8%。执法行动涉及的问题包括证券发行、投资咨询、经纪商的不当行为、发行人的信息披露和会计违规行为、市场操纵以及内幕交易等。通过执法行动，SEC 获得总计 49.49 亿美元的罚款，其中，民事罚款达 15.8 亿美元。此外，SEC 在 2023 财年向受害投资者分发了 9.3 亿美元，连续两年分发超过 9 亿美元。

（2）维护公平、有序、高效的市场。一是对金融公司和行业守门人提起诉讼，维护市场秩序，包括：对 25 家咨询公司、经纪自营商和信用评级机构提出诉讼，并要求其支付总计超过 4 亿美元的民事罚款；对包括审计公司 Marcum LLP、会计公司 Prager Metis 等在内的多名守门人提出指控，确保其履行职责。二是加强对加密资产领域的监管。2023 财年，SEC 对加密资产领域的多种不当行为采取执法行动，包括数十亿美元的加密欺诈计划、未注册的加密资产发行、未注册的平台和中介机构，以及非法推荐。三是针对 ESG 领域采取多项执法行动，包括：指控德意志银行子公司在 ESG 产品的控制方面出现重大误导性陈述；指控高盛旗下的高盛资产管理公司在 ESG 投资方面误导客户，涉及两个共同资金和一个单独管理的账户未能遵守 ESG 投资的相关政策和程序。四是持续推进"吹哨人"计划。截至 2023 财年年底，"吹哨人"计划已向近 400 名"吹哨人"发放了总额近 20 亿美元的奖励。

（3）完善行业信息披露规则。一是加强

[①] 它是美国最大的非政府的证券业自律监管机构，于 2007 年 7 月 30 日由美国证券商协会与纽约证券交易所中有关会员监管、执行和仲裁的部门合并而成，主要负责监管证券交易商与柜台交易市场的行为，以及投资银行的运作。

上市公司对网络安全的信息披露。上市公司需披露重大网络安全事件，并提供评估过程信息以及风险监控措施，包括是否有专门的委员会进行风险监控，以及高级管理层在评估、阻止和应对网络安全事件方面的角色。二是颁布针对私募基金顾问的新规则。继2022年提出加强对私募基金投资顾问监管的拟议规则之后，SEC于2023年8月颁布《1940年投资顾问法》新规。其中，适用于SEC注册的投资顾问（SEC-registered Investment Advisers, RIA）的规则包括：季度报告规则，所有RIA必须向投资者提供季度报告，详细说明基金的表现、基金支付的费用以及支付给顾问的金额；审计规则，RIA需要取得一份符合《投资顾问法案托管规则》（Advisers Act Custody Rule）要求的审计报告，并对其管理的私募基金进行年度审计；顾问主导的二级市场交易规则，投资顾问主导进行二级市场交易（包括建议现有投资者出售其份额，或者将其份额置换并进入投资顾问设立的新基金载体等），需提供公平意见或估值意见，并向投资者提供一份投资顾问与出具意见的独立第三方之间在过去两年里的重要业务关系摘要。三是持续推动气候信息披露。2022年初，SEC发布一项拟议规则，要求拥有碳足迹的上市公司对以下信息进行定量和定性披露，包括碳排放量、董事会和管理层对气候风险的监督、气候风险对财务的影响、公司气候目标等。该提案自发布以来受到利益相关者的反对，因为他们担心上市公司将被迫披露整个供应链的信息。SEC宣布推迟对气候变化规则的进一步审议至2024年春季。

（4）探讨修订《众筹融资规则》，以使众筹成为更具吸引力的资本筹集途径。修订内容包括：允许为筹集资金不超过50万美元的小企业在会计处理方式上提供灵活性；提高允许发行人通过提供由首席执行官认证的财务报表和所得税申报信息来满足财务报表要求的募集金额门槛。

美国金融业监管局（FINRA）[1]：FINRA一直秉持其保护投资者、维护市场公平的使命，并不断探索创新监管实践。2023年，其主要监管措施如下：一是推进监管转型。继续以技术改造监管，通过采用有效技术解决方案支持监督方式转型，保护投资者和维护市场诚信。二是聚焦市场监管，推进更为全面有效的市场监督体系建设。FINRA在监管美国经纪自营商方面发挥着至关重要的作用。2023年，FINRA平均每天监测5 460亿次市场活动，以监测市场潜在的欺诈行为。全年监管处罚金额合计0.884亿美元，返还受害投资者750万美元。此外，5家机构被取消会员资格，257个经纪人/机构被处以暂停开展业务，178个经纪人/机构被禁止业务准入。三是与SEC等其他联邦、州监管机构密切配合，提升监管综合效率。2023年，FINRA与其他执法机构联合提起623例案件诉讼，涉及欺诈和内幕交易等。四是积极提升市场的公正度和透明度。FINRA投资者教育基金会自成立以来，已支付超过1.342亿美元资金用于财务能力和欺诈预防相关教育培训；另推出老年人证券热线，自2015年4月开通以来至2023年12月，共收到2.98万个电话咨询，为老年投资者追回超900万美元损失。

商品期货交易委员会（CFTC）[2]：CFTC主要负责监管美国衍生品市场，包括大宗商

---

① 数据来源：FINRA，*Annual Financial Report*，2023。
② 数据来源：CFTC，*Agency Financial Report*，2023。

品期货、期权以及掉期交易等。2023 年，CFTC 的主要任务集中在以下几个方面。

（1）完善规则制定。2023 年，CFTC 发布了 4 项最终规则。一是通过 CFTC 监管准则第 143 部分最终规则，对民事罚款进行年度调整以反映 2023 年的高通货膨胀。二是通过第 23 部分最终规则，明确掉期交易商的报告、记录保存、日常交易记录和掉期文件要求。三是通过第 39 部分最终规则，修改现有的衍生品清算组织治理规则，要求衍生品清算组织成立由清算会员及其客户组成的风险管理委员会，并就可能的风险事件与委员会进行协商。四是通过第 39 部分和第 140 部分最终规则，明确衍生品清算组织的报告和信息要求。更新后的报告和信息要求解决了在同一账户中混合客户资金和头寸的问题，明确了与异常事件相关的系统报告要求。

（2）加强执法。CFTC 在 2023 财年共开展 96 项执法行动，指控在多个市场中存在重大违规行为，获取罚款、赔偿和追缴超过 43 亿美元。在数字资产领域，CFTC 提起针对交易所、庞氏骗局及其他欺诈行为的诉讼。此外，CFTC 还批准了 7 项"吹哨人"奖励申请，向自愿提供信息助力成功执法的个人提供 1 600 万美元奖励。

（3）解决清算过程中的系统性风险。一是确定衍生品清算组织治理规则。在确保清算成员及其客户的意见得到充分听取的同时，给予衍生品清算组织在治理实施方面的自由裁量权。二是针对系统重要性清算组织的恢复、有序清盘和处置提出监管规则。明确清算组织在处置规划中应提供的信息类型，以及与 FDIC 的信息共享机制。

（4）加强监管合作与协调。一是参与国际工作组，负责制定碳市场政策提案。针对国际市场对"自愿碳市场"的关注，CFTC 通过国际证券委员会组织（IOSCO）带头开展工作，明确通过监管方法促进"自愿碳市场"发展的良好做法。二是统一与其他金融稳定理事会（FSB）成员经济体的报告要求。CFTC 发布指令，指定在掉期报告中使用的唯一产品标识符（UPI），定义并创建了在 FSB 管辖区内使用的掉期产品分类系统。三是参与国际工作组，负责制定关于清算衍生品保证金的政策提案。COVID-19 大流行和俄乌冲突引发剧烈的市场波动，监管机构和市场参与者希望通过更好地了解保证金追缴对市场波动的响应以及保证金追缴的透明度来提高应对能力。CFTC 领导了该项国际工作，制定了平衡的政策提案，进一步促进清算衍生品市场的活力和韧性。

市政债券决策委员会（MSRB）：面对近 4 万亿美元的市政债券市场，作为自我监管型组织的 MSRB，一直致力于维护市政债券市场的公正有序。

（1）完善监管规则，创造更加公平和高效的市场，包括：推进规则提案，缩短向 MSRB 报告交易的时间；协调其他金融监管机构，促进市政证券交易向 T+1 结算的过渡；制定新规则确立市政顾问中介的核心行为准则。

（2）通过技术提升市场透明度。MSRB 对 EMMA 平台 [①] 进行多项用户驱动的改进，包括：逐步取消个人账户，以确保发行人能够更好地控制与其证券相关的信息；增加每日收益曲线和指数，提高数据更新频率，为

---

① EMMA 平台是市政证券市场唯一的中央数据和文件存储库。

用户提供更多投资决策信息。

（3）通过高质量市场数据传递价值。MSRB 收集并公开发布数百万条关于市政证券交易、发行人和更广泛的市场数据，作为市场参与者发行、交易和投资市政证券的参考。2023 年，MSRB 继续致力于提升市政证券市场数据在 EMMA 平台上的质量和可用性。

（4）通过透明度和问责制推增加公众信任。作为自律组织，MSRB 有义务对被监管实体收取的费用进行审慎管理。2023 年，MSRB 引入费率卡模式为被监管实体设定费用，新的费率评估流程提高了费率设定过程的透明度。

（三）保险业监管

纽约保险业监管主要分为三个层面：一是州立法机关制定的保险法规。二是司法监督管理，主要由州立法院在保险合同双方发生纠纷后进行判定实现。三是行政监督管理，目前主要由纽约州金融服务局（Department of Financial Services，DFS）承担。2023 年，纽约市保险业监管基本制度框架变化不大，监管机构主要在一些具体的领域开展工作。

（1）财产局（Property Bureau）：财产局监督财产和意外伤害保险公司的财务状况和市场行为，共监管超 1 173 家实体。被监管实体总资产达 2.6 万亿美元，净保费总额超 7 230 亿美元。2023 年，财产局的金融部门负责监控被监管实体的财务状况，审核控股公司的兼并、收购、交易和国内外保险公司的许可申请。市场部门负责审查所有保险类别的保单形式和费率备案。此外，财产局还对财产和意外保险公司的承保、费率和理赔实践进行调查，以确定其是否符合纽约州法律和部门规定。

（2）健康局（Health Bureau）：健康局对意外和健康保险负有监管责任，共监管 92 家意外和健康保险公司，被监管机构总资产756 亿美元、保费总额 624 亿美元。2023 年，健康局负责监管意外和健康保险公司、非营利健康计划、健康维护组织（HMO）、市政合作健康福利计划、学生健康计划的许可、认证和财务稳健性。此外，健康局还管理"健康纽约"计划，为小型企业提供保险覆盖。2023 年，健康局在若干重要领域发布了指导意见并确立要求，包括：COVID-19 疫苗接种和检测；独立争议解决程序中合理费用的确定标准；长期护理保费调整和披露要求。

（3）人寿局（Life Bureau）：人寿局监管超过 630 家被监管实体，总资产超过 3.7 万亿美元，保费超过 2 810 亿美元，其中持牌人寿保险公司占 128 家。2023 年，人寿局通过建立财务标准（风险资本、准备金、会计等）监管保险公司的财务状况，如定期检查保险公司的财务活动，评估准备金充足性和流动性风险，分析被监管实体提交的财务报表和精算报告等；通过建立市场行为标准（产品条款、理赔实践等），定期检查保险公司的销售和营销实践，调查特定的市场活动；通过建立和执行公司标准（公司治理、控股公司、许可要求等）监管公司行为，并审查经营许可、公司重组并购和控股公司交易等活动。此外，人寿局还审查寿险公司和其他被监管实体提供的寿险保单、年金合同、资金协议等，以确保符合适用的法律规则。

（4）药房福利局（Pharmacy Benefits Bureau）。为应对因处方药成本的增加而带来的医疗保险费用的上涨，药房福利局成立于 2022 年，其职能包括向药品福利管理机构

（Pharmacy Benefit Managers，PBM）^① 颁发许可证，以约束其对医疗保健成本和质量的影响。2023年，该局为在纽约运营的64家PBM颁发了许可证。此外，药房福利局通过一套全面的注册、许可、检查和报告要求对PBM进行监管。2023年，该局收集并分析了62份年度报告，以了解PBM的运营情况，包括合同安排和现金流状况。

（5）许可证部门（Licensing Unit）：

2023年，该部门颁发了277 347张经营许可，收取超3 700万美元的费用。截至2023年底，纽约州共有421 262名保险主体获得经营许可，涵盖代理人、经纪人、再保险中介、产权代理人和人寿结算经纪人等。此外，作为持牌和未经授权的保险公司的诉讼代理人，2023年，许可证部门接受了27 481起针对保险公司的诉讼程序。

专栏10 美国数据监管实践

美国数据要素市场建设以商业利益导向为基本准则，在保护特殊重要领域的个人信息和隐私的前提下，提倡数据自由流动，尽可能多地获取全球数据资源，扩大企业在技术和市场方面的先发优势。在此准则指导下，美国的数据保护和监管体系主要强调个人数据隐私权和安全，呈现出特殊领域分散立法、州级立法多样化的特点。对于企业数据，在防止数据垄断和平台企业无序扩张的基础上（通过立法约束和判例导向），鼓励企业数据自由流动；对于政府数据，认为公共数据属于全民所有，一直坚持免费开放。本专栏重点对美国个人数据和隐私保护方面的监管进行梳理。

一、美国没有统一综合的联邦层面数据与隐私安全保护立法

与欧盟和中国采用个人信息顶层立法思路不同，美国没有统一的、综合的联邦层面数据与隐私安全保护立法。美国联邦层面现有的对数据隐私的一般性保护主要是依据《联邦贸易委员会法》（*Federal Trade Commission Act*）中的第5条，禁止企业针对消费者的不公平和欺骗性的行为，"欺骗性行为"包括企业未能遵守其公布的隐私承诺以及未能提供足够的个人信息保护，还包括使用欺骗性的广告或营销方法。联邦贸易委员会（FTC）依据此法审查企业在保护客户数据隐私方面是否使用了不公平或欺骗性的做法，并启动执法程序。

2023年，FTC将《联邦贸易委员会法》第5条规定的"不公平"原则扩展到隐私保护领域，对更广泛地保护数字健康数据越来越感兴趣，并加大了执法力度。此外，FTC也积极参与人工智能、暗黑模式和网络安全等相关领域。

美国内部对于联邦层面出台综合性隐私立法的呼声越发强烈。目前被寄予厚望的是2022年6月美国众议院和参议院发布的《美国数据隐私和保护法案》（*American Data Privacy and Protection Act*, ADPPA）草案。ADPPA是首份获得两党支持的美国联邦层面的综合性隐私保护法草案，被认为是"最有潜力冲击美国统一隐私立法的种子选手"。该法案的目标是建立一个强有力的国家框

---

① 药品福利管理者是健康险公司和药品制造商之间的第三方，帮助药品制造商、药房和医疗保险提供商之间协商成本和付款。

架，保护消费者的数据隐私和安全，防止美国人的数据被歧视性地使用等，其中涵盖了数据最小化、忠诚义务、私人诉讼权、优先适用、特殊群体数据保护、大型数据持有者义务等核心内容。但在 2023 年，ADPPA 一直未进入众议院讨论。

二、分散立法，分门别类强化特殊领域的个人信息保护

美国采取分散式专门立法的模式对特定领域的数据保护进行规定。这些法律在适用范围和立法目的上差异很大，有的适用主体仅限于特定行业，如金融机构、健康医疗实体、通信媒体，有的只适用于特定的数据类型，如个人信用数据、儿童数据。这其中比较重要的包括以下几个领域。

金融领域：《金融现代化法》规定了金融机构处理非公开个人信息的要求；《金融消费者保护法》（Consumer Financial Protection Act，CFPA）通过"禁止机构从事不公平、欺骗或滥用行为"等法律条文来保护个人隐私。

医疗健康领域：《健康保险隐私及责任法案》（The Health Insurance Portability and Accountability Act，HIPAA）对广泛的医疗保健相关活动的隐私进行监管，适用于受保护的健康信息，包括与患者健康有关的医疗信息、医疗记录、与医疗服务提供者的对话、医疗账单信息等。

通信领域：《电子通信隐私法》（Electronic Communications Privacy Act，ECPA）主要针对截取电子通信的行为进行规制，该法适用于政府雇员以及普通公民，禁止第三方未经授权截取或者披露公民通信，从而保护存储状态或者传送状态的公民通信。

教育领域：《家庭教育权利和隐私法》（Family Educational Rights and Privacy Act）要求教育机构加强对学业记录的保护和增加学生与家长的权利来保护隐私，禁止学校在未经学生或家长同意的情况下，分享学生学业记录中的信息。学生或家长也有权查看学生的教育记录，并质疑他们认为不准确的地方。

个人信用数据：《公平信用报告法》（The Fair Credit Reporting Act，FCRA）和《公平和准确的信用交易法》（Fair and Accurate Credit Transactions Act，FACTA），首次提出了合法取得信息主体信息报告的 5 种情况，规定了消费者报告被允许公开的主要目的，赋予了信息主体知情权、异议权、救济权、同意权和重建信用记录权。

儿童数据领域：《儿童在线隐私权保护法案》（The Children's Online Privacy Protection Act，COPPA）为 13 岁以下儿童提供特殊的隐私保护。

美国通过金融、教育、未成年人、卫生健康、视频、通信等关键细分领域的隐私立法对个人信息分别进行保护，有效遏制了这些领域对个人信息的滥用；而对其他未受立法保护的领域，采用"不禁止即可为"的原则，允许对个人信息进行采集、加工、处理、交易。美国在个人信息保护和利用方面的做法，虽然引发了一些个人隐私保护不力的情况，但是在总体上促进了数字平台企业、数据经纪商等数据业态的快速发展，增加了全社会整体数字福利。

三、州政府在个人数据和隐私保护立法方面走在了联邦政府前面

在美国个人数据和隐私保护立法方面，加利福尼亚州走在了最前沿。2018 年 6 月加利福尼亚州通过了《加利福尼亚州消费者

隐私法》（*California Consumer Privacy Act*，CCPA），旨在加强消费者对个人信息的控制权，是美国州层面第一个且产生重大影响的数据立法文件。其适用范围非常广泛，不仅适用于加利福尼亚州境内的企业，也适用于向加利福尼亚州居民提供商品或服务的境外企业。2020 年加利福尼亚州又通过了《加利福尼亚州隐私权法》（*California Privacy Rights Act*，CPRA），在 CCPA 的基础上增加了新的消费者隐私权。CPRA 引入了 4 项新权利：（1）更正权，这意味着用户可以要求更正其个人信息（PI）和特殊个人信息（SPI）；（2）选择退出自动决策的权利，这意味着加州居民可以对他们的 PI 和 SPI 被用于在线行为广告的分析说"不"；（3）对自动决策的知情权；（4）限制使用敏感个人信息的权利。CPRA 是美国有史以来颁布的最强有力的消费者隐私保护法，可以与欧洲、英国等其他司法管辖区颁布的综合法律相媲美。

2023 年，弗吉尼亚州、科罗拉多州、康涅狄格州和犹他州 4 个州的全面数据隐私法正式实施。《弗吉尼亚州消费者数据保护法》（*Virginia Consumer Data Protection Act*，VCDPA）于 2023 年 1 月 1 日生效；《科罗拉多州隐私法》（*Colorado Privacy Act*，CPA）和《康涅狄格州隐私法》（*Connecticut Data Protection Act*，CTDPA）于 2023 年 7 月 1 日生效；《犹他州消费者隐私法》（*Utah Consumer Privacy Act*，UCPA）于 2023 年 12 月 31 日生效。

2023 年全美各州有关隐私法案的提案数量增至 54 项，其中 7 项分别在特拉华州、印第安纳州、爱荷华州、蒙大拿州、俄勒冈州、田纳西州和得克萨斯州通过成为法律，

并将在 2024 年或 2025 年正式实施。这包括：《特拉华州个人数据隐私法案》（*Delaware Personal Data Privacy Act*）（2025 年 1 月 1 日生效）、《印第安纳州消费者数据保护法》（*Indiana Consumer Data Protection Act*）（2026 年 1 月 1 日生效）、《爱荷华州消费者数据保护法》（*Iowa Consumer Data Protection Act*）（2025 年 1 月 1 日生效）、《蒙大拿州消费者数据隐私法案》（*Montana Consumer Data Privacy Act*）（2024 年 10 月 1 日生效）、《俄勒冈州消费者隐私法案》（*Oregon Consumer Privacy Act*）、《田纳西州信息保护法》（*Tennessee Information Protection Act*）（2024 年 7 月 1 日生效）、《得克萨斯州数据隐私和安全法案》（*Texas Data Privacy and Security Act*）（2025 年 7 月 1 日生效）。

这些州法律都保护了消费者权利，例如，个人数据的访问、删除和可移植性。它们也都包含通知或透明度要求，如蒙大拿州对于隐私通知，要求数据控制者向客户提供与第三方处理和共享的个人数据类别的描述、任何数据处理的目的以及消费者如何行使其数据权利；得克萨斯州、蒙大拿州和俄勒冈州也加入了加利福尼亚州、科罗拉多州和康涅狄格州的行列，要求企业对普遍选择退出机制作出回应。

尽管所有这些州法律都有一个保护消费者数据的共同目标，但它们在某些领域存在重要差异，例如，定义、消费者同意、数据安全要求和豁免。这些差异凸显了日益增长的监管环境的复杂性，并凸显了关于是否需要为跨州运营的企业制定全面的联邦数据隐私法的持续争论。

第四章
伦敦国际金融中心发展情况

得益于得天独厚的地理位置、悠久的金融市场发展历史、完善的法制环境、国际一流金融人才聚集等优势，伦敦在诸多国际金融中心中享有国际领先地位。伦敦金融城位于大伦敦中心，云集了全球具有重要影响力的银行、证券、保险机构及辅助金融机构。伦敦金融市场高度成熟，拥有全球最大的外汇交易市场和场外利率衍生品交易市场、全球第二大法律服务业、全球第六大银行部门，国际基金管理行业也在全球名列前茅。伦敦也是欧洲对冲基金、私募股权基金、私人银行、交易所交易衍生品中心。

一、经济金融发展概况

英国的金融业高度集中于大伦敦 33 个自治区之一的伦敦金融城，金融业对经济的贡献为全行业最高。英国国家统计局（Office of National Statistics）公布的数据显示，2023 年英国金融及专业服务部门总增加值（GVA）达 2 437 亿英镑，占全部经济产出的 12.0%，其中伦敦的贡献达一半左右。[1] 金融及相关专业服务业为政府提供的税收高达 1 103 亿英镑，全行业占比为 12.3%[2]；并为英国带来 956 亿英镑的贸易顺差，居各行业之首。美国是英国金融服务出口的最大单一目的地，占出口总额的 33.5%，欧盟成员国的占比为 28.0%。伦敦创造的贸易顺差接近全国的一半。

发达的金融业和先进的相关专业服务为英国创造了大量的就业岗位。英国金融服务业的就业人数超 110.0 万人，占全国就业人数的比例达到 7.5%，其中，银行业 37.1 万人、保险业 32.0 万人、基金管理 6.8 万人。金融相关专业服务的就业人数近 140.0 万人，其中，管理咨询行业 53.7 万人、财会类 47.6 万人、法律服务 36.8 万人。伦敦是金融及相关专业服务从业人员最集中的地区，约占全英国的三分之一。[3]

英国是金融和专业服务海外直接投资（FPS FDI）的首选目的地之一。2023 年，英国吸引了 222 个 FPS FDI 投资项目，总价值达 11 亿英镑。伦敦一直是全球金融服务 FDI 的首选目的地，2019 年至 2023 年共实现 697 个投资项目，超过新加坡、巴黎、纽约和中国香港。从资金来源看，英国吸引了来自全球 60 多个国家的投资，其中美国是其最大的外国投资者，过去 5 年的投资额占比超过 40%。从投资对象看，资产管理是获得金融服务投资最多的行业，2023 年的投资额为 2.77 亿英镑，投资项目占比高达 38%。[4]

二、金融服务业与金融机构

（一）银行业

伦敦是全球最大的国际银行业务中心。国际银行业务占所有银行业务的半壁江山，

---

① 数据来源：Key Facts about UK-based Financial and Related Professional Services 2024。
② 数据来源：The Total Tax Contribution of UK-based Financial and Related Professional Services 2024。
③ 数据来源：Key Facts about UK-based Financial and Related Professional Services 2024。
④ 数据来源：The UK：A Top Destination for Financial and Professional Services Investment-Trends in 2023。

英资银行所持有的资产中约一半为海外资产。伦敦也是全球最重要的私人银行与投资银行中心。许多国际知名银行都在伦敦开展私人银行和投资银行业务。伦敦拥有超过 170 家外资银行，领先于纽约、巴黎、法兰克福等国际金融中心。

英国是全球最大的跨境银行业务中心。截至 2023 年第二季度，英国跨境银行贷款余额占全球总额的 14%，跨境银行借款余额占全球总额的 16%。英国拥有 8 000 多家银行及分支机构，约有 37 万人直接从事银行业工作。截至 2023 年第二季度，英国银行业总资产为 11.6 万亿美元（9.3 万亿英镑），名列欧洲第三、全球第六，仅次于中国（64.9 万亿美元）、美国（22.9 万亿美元）、法国（13.0 万亿美元）、日本（12.1 万亿美元）和德国（11.6 万亿美元）。

英国银行业提供广泛的金融产品和服务，不断提高的服务效率提升了银行开户的普及程度，英国的账户拥有率达到 99%。近年来，金融服务公司投资了数十亿英镑在互联网和移动银行以及非接触式支付等创新服务上，零售金融正经历一场数字化支付的革命。2022 年，非接触式支付卡的年交易额达到 170 亿笔，同比增长 30%。与此同时，现金支付占全部支付方式的比例下降至 14.1%。网上银行的普及率维持在 86%，53% 的用户使用移动客户端访问银行账户[1]。

根据英格兰银行统计，截至 2023 年末，英国本地银行持有的金融衍生品资产为 32 441.75 亿英镑，金融衍生品负债为 32 221.31 亿英镑，净头寸 220.44 亿英镑。其中，外资银行持有的金融衍生品资产达 12 815.16 亿英镑，占资产总额的 39.50%；负债为 12 827.97 英镑，占负债总额的 39.81%（见表 4-1）。

表 4-1　英国本地银行持有的金融衍生品头寸

单位：百万英镑

分类	2023 年末		2022 年末		2021 年末	
	资产	负债	资产	负债	资产	负债
银行与建筑协会[2]	366 794	368 775	439 175	446 360	377 360	376 722
公共部门	2 890	2 212	3 246	2 353	1 712	1 747
其他金融公司	1 155 344	1 124 494	1 477 481	1 439 965	645 733	647 904
其他国民	21 725	16 743	28 394	23 049	29 117	16 160
外资银行	1 281 516	1 282 797	1 567 360	1 570 223	1 065 341	1 043 083
其他非居民	415 906	427 109	495 745	490 024	420 045	410 970
合计	3 244 175	3 222 131	4 011 401	3 971 974	2 539 308	2 496 586

数据来源：英格兰银行。Bankstats Table F1.1。

---

[1] 数据来源：Key Facts about UK-based Financial and Related Professional Services 2024。
[2] 建筑协会的英文是 Building Society，该协会提供银行及相关金融服务，特别是储蓄和抵押贷款。

（二）证券期货业

截至 2023 年 12 月末，伦敦证券交易所集团共有 1 836 家上市公司，总市值为 3.54 万亿英镑。伦敦证券交易所集团拥有 296 家外资上市公司[1]，全球排名第六，仅次于维也纳证券交易所（786 家）、纳斯达克（826 家）、纽约—泛欧交易所集团（563 家）、莫斯科交易所（634 家）和保加利亚交易所（364 家）[2]。

2023 年，伦敦证券交易所集团电子订单交易达 2.70 亿笔，较 2022 年减少 29.9%；交易额为 1.34 万亿英镑，同比下降 18.1%。其中，证券交易所 LSE 的交易量为 1.42 亿笔，成交金额为 0.93 万亿英镑，较 2022 年分别下降 34.8% 和 20.1%。交易平台 Turquoise 的交易量为 1.28 亿笔，成交金额为 0.41 万亿英镑，较 2022 年分别下降 23.7% 和 13.1%[3]。

英国是全球衍生品交易中心，多个国际领先的衍生品交易所集聚伦敦。其中包括全球最大的有色金属交易所——伦敦金属交易所（LME），欧洲最大的能源期货交易所——ICE Futures Europe，主要从事欧洲和全球股权衍生品交易的伦敦绿松石期货交易所（Turquoise Derivatives London），以及建立在伦敦的芝加哥商品交易所集团欧洲分部（芝加哥商品交易所集团的第一个海外交易所，主要从事利率衍生品交易）。

（三）保险业

英国保险业规模名列欧洲第一、全球第三，由保险公司、劳埃德（Lloyd's Market）、中介，以及各类专业支持性机构组成。

英国保险业是英国经济的重要组成部分。保险业向政府提供 172 亿英镑税收。此外，英国保险业管理着 1.7 万亿英镑的投资资金。截至 2023 年 12 月，在英国开展业务的保险公司有 429 家，其中，252 家公司从事事故和疾病领域的业务，233 家公司从事火灾和财产损失领域的业务，231 家公司从事汽车保险业务[4]。保险业从业人员达 32.0 万人[5]。

英国保险业国际化程度较高，在全球最大保险公司排名中名列前茅。英国是欧洲最大的保险资金与养老金来源地。2023 年，英国保险公司保费收入为 3 750 亿美元，占全球的 5.2%；保费排名位于美国（32 267 亿美元）和中国（7 237 亿美元）之后，居全球第三。保险深度和保险密度分别为 9.7% 和 4 759 美元，居国际前列。[6]

伦敦也是保险和再保险的国际交易中心，是全球前 20 大保险与再保险公司集聚地，市场主要经营者包括保险公司、劳埃德、保赔协会和经纪人。伦敦保险市场的国际化程度很高，68% 的保费收入来自海外。根据伦敦国际保险业协会的数据（IUA，保险和再保险公司的代表机构），2013 年至 2022 年，在伦敦运营的非劳埃德、批发保险和再保险公司保费年均增长 6.6%，达到 440 亿英镑。[7]此外，伦敦拥有全球最大的专业保险市场，

---

① 数据来源：London Stock Exchange Issuer List Archive 2023。
② 数据来源：WFE。
③ 数据来源：Monthly Market Report - December 2023，伦敦证交所。
④ 数据来源：List of UK Authorised Insurers as Compiled by the Bank of England，大部分保险公司的业务覆盖多个领域，各领域加总的和超过保险公司总数。
⑤ 数据来源：Key Facts about UK-based Financial and Related Professional Services 2024。
⑥ 数据来源：Swiss Re 2024。
⑦ Key Facts about the UK as an International Financial Centre，2023.

覆盖全球 42% 的专业保险业务。

三、金融市场运行

英国金融市场主要集中在伦敦，是世界上历史最悠久、规模最大、国际化程度最高的金融市场之一。

（一）货币信贷市场

英国货币市场的主要参与者包括银行、其他金融机构和非金融企业。交易类型分为担保交易和无担保交易。交易工具包括存贷款、商业票据、回购和大额可转让存单等。

该市场作为英格兰银行实施利率政策和提供流动性的主要渠道，在传导货币政策和维护金融稳定方面发挥着重要作用。

根据英格兰银行统计，2023 年第四季度，英格兰银行的日均回购交易量为 1 195.82 亿英镑，交易量稳步下降；日均回购余额为 4 025.65 亿英镑，余额较第三季度有所上升。2023 年第四季度，英格兰银行的日均逆回购交易量为 856.46 亿英镑，交易量逐渐下降；日均逆回购余额为 4 831.33 亿英镑，余额较前两个季度有所上升（见表 4-2）。

表 4-2 英国回购和逆回购

单位：亿英镑

分类	2023 年第四季度	2023 年第三季度	2023 年第二季度	2023 年第一季度
回购				
日均回购交易量	1 195.82	1 198.89	1 258.35	1 334.56
日均回购余额	4 025.65	3 897.59	4 007.04	4 269.98
逆回购				
日均逆回购交易量	856.46	865.38	934.07	956.22
日均逆回购余额	4 831.33	4 629.10	4 738.32	5 024.89

数据来源：英格兰银行。

2023 年，英国金融机构向非金融企业贷款余额为 5 282.29 亿英镑，比上年末减少 120.69 亿英镑（见表 4-3）。从贷款投向看，对中小企业的贷款余额为 1 841.95 英镑，占比为 34.9%；对大型企业的贷款余额为 3 439.63 亿英镑，占比为 65.1%。

表 4-3 英国金融机构向非金融企业贷款余额

单位：亿英镑

年份	贷款（不含透支）	透支	总贷款
2019	4 428.62	468.51	4 897.13
2020	4 873.46	423.38	5 296.84
2021	4 896.19	366.15	5 262.34
2022	4 971.99	430.99	5 402.98
2023	4 872.29	410.00	5 282.29

数据来源：英格兰银行。

（二）金融衍生品市场

英国的金融衍生品市场以种类丰富、交易活跃闻名，其金融衍生品包括利率衍生品、外汇衍生品、大宗商品与股票衍生品和信用衍生品等，利率衍生品、外汇衍生品工具下还分为掉期、期权、期货和远期等。

2022 年 4 月，英国场外利率衍生品的市场份额从 2019 年同期的 50% 下降至 45.5%，但依旧保持全球最大的场外利率衍生品交易中心的地位。同期，美国的全球市场份额从 32% 下降至 29.3。[①] 2022 年 4 月，英国场外利率衍生品的日均交易量为 2.63 万亿美元，低于 2019 年 4 月的 3.67 万亿美元。

截至 2023 年末，英国本地银行共持有金融衍生品总资产 3.24 万亿英镑、总负债 3.22 万亿英镑、净资产 220 亿英镑。金融衍生品资产方面，按交易对手划分，外资银行、其他金融机构、其他外资机构这三类交易对手的头寸最高，分别为 1.28 万亿英镑、1.16 万亿英镑和 4 159 亿英镑。从金融衍生品类型看，利率衍生品资产总额最高，达 2.18 万亿英镑，其中，利率掉期 2.03 万亿英镑、利率期权 1 426 亿英镑、利率远期与期货 16 亿英镑、其他利率衍生品 55 亿英镑。外汇衍生品资产总额为 7 796 亿英镑，其中，外汇掉期 3 938 亿英镑、外汇期权 592 亿英镑、外汇远期与期货 3 266 亿英镑、其他外汇衍生品 500 万英镑。大宗商品与股票衍生品资产总额为 2 046 亿英镑，信用衍生品资产总额为 762 亿英镑。

金融衍生品负债方面，按交易对手划分，外资银行、其他金融机构、其他外资机构这三类交易对手的头寸最高，分别为 1.28 万亿英镑、1.24 万亿英镑和 4 271 亿英镑。从金融衍生品类型看，利率衍生品负债余额最高，达 2.14 万亿英镑，其中，利率掉期 1.99 万亿英镑、利率期权 1 463 亿英镑、利率远期与期货 14 亿英镑、其他利率衍生品 57 亿英镑。外汇衍生品负债总额为 7 746 亿英镑，其中，外汇掉期 3 777 亿英镑、外汇期权 604 亿英镑、外汇远期与期货 3 365 亿英镑、其他外汇衍生品 600 万英镑。大宗商品与股票衍生品负债总额为 2 293 亿英镑，信用衍生品负债总额为 859 亿英镑（见表 4-4）。

表 4-4 英国本地银行持有的金融衍生品头寸

单位：百万英镑

分类		2023 年年末		2022 年年末		2021 年年末	
		资产	负债	资产	负债	资产	负债
利率	掉期	2 034 106	1 987 898	2 549 540	2 495 810	1 415 477	1 338 994
	期权	142 555	146 342	174 148	185 714	137 217	142 029
	期货和远期	1 580	1 405	2 202	1 738	938	1 025
	其他	5 521	5 680	6 037	9 234	2 642	2 237

---

① Foreign Exchange and OTC Derivatives Markets Turnover Survey，2022。该报告每 3 年更新一次。

续表

分类		2023 年年末		2022 年年末		2021 年年末	
		资产	负债	资产	负债	资产	负债
外汇	掉期	393 770	377 697	504 424	481 732	269 873	272 128
	期权	59 247	60 367	76 599	77 568	52 242	53 336
	期货和远期	326 610	336 536	421 716	430 430	327 529	328 996
	其他	5	6	6	8	3	7
大宗商品与股权		204 626	229 285	226 923	236 292	248 913	270 470
信用衍生品		76 155	85 915	49 806	53 448	84 475	87 363
合计		3 244 175	3 222 131	4 011 401	3 971 974	2 539 309	2 496 585

数据来源：英格兰银行。

洲际交易所欧洲分部 (ICE Futures Europe) 提供利率与股权衍生品交易。2023 年，该交易所利率衍生品累计交易 5.40 亿手，其中，期货 4.57 亿手、期权 0.83 亿手；股权衍生品累计交易 0.82 亿手，其中，期货 0.49 亿手、期权 0.33 亿手[①]。

（三）资本市场

1. 股票市场

伦敦证券交易所共分 4 个市场，分别是主板市场、另类投资市场、专业证券市场以及专业基金市场。伦敦证交所提供的证券交易类别广泛，包括英国股票、国际股票、ETF 与证券化衍生品、存托凭证 (Depository Receipts, DP)、债务、优先股、普通股认购权证 (Equity Warrants)、打包证券单位 (Package Units) 和可转换证券等。

伦敦拥有欧洲最大的股票市场，截至 2023 年 12 月末，伦敦证券交易所集团共有 1 836 家上市公司，总市值为 3.54 万亿英镑。[②]

主板市场：截至 2023 年 12 月末，主板市场共有上市企业 1 057 家，其中，英国企业 886 家、国际企业 171 家。总市值为 3.5 万亿英镑，其中，英国企业 2.5 万亿英镑，占比为 71.4%，国际企业 1.0 万亿英镑，占比为 28.6%。在主板上市公司分布上，大公司市值占比较高。其中，市值在 500 亿英镑以上的超大型公司有 16 家，尽管数量仅占总上市公司数的 1.5%，但股票市值占主板市场的 44.6%。市值在 20 亿英镑以上的公司有 179 家，其市值占主板市场总市值的 90.5%。[③]

另类投资市场 (Alternative Investment Market，AIM)：该市场成立于 1995 年，是专为高速成长的中小企业提供融资渠道的资本市场。截至 2023 年 12 月末，另类投资市场共有上市企业 753 家，其中，英国企业 652 家、国际企业 101 家，总市值为 790 亿英镑。

专业证券市场 (Professional Securities Market，PSM)：专业证券市场是一个创新、专业化的市场，旨在满足发行人的特定需求。通过向专业投资者发行专业债务证券或存托

---

① 数据来源：ICE Report Center，https://www.theice.com/marketdata/reports/7。
② 数据来源：London Stock Exchange: Issuer List Archive 2023。
③ 数据来源：London Stock Exchange: Main Market Factsheet December 2023。

凭证（DR）筹集资金。

专业基金市场 (Professional Fund Market, PFM)：专业基金市场是伦敦证券交易所为机构投资者提供的封闭式投资基金市场，包括私募股权基金、对冲基金、单一和多策略基金、专业地域基金、专业地产基金、基础设施基金、主权财富基金等。

在一级市场上，2023 年，伦敦证交所主板市场共发行 23 只新股，其中，英国企业 19 只、国际企业 4 只。总募集资金 9.61 亿英镑，其中，英国企业募集 8.91 亿英镑，占比为 92.7%，外国企业募集 0.70 亿英镑，占比为 7.3%。603 家上市企业完成再融资 66.66 亿英镑，其中，本国企业 510 家、国际企业 93 家。AIM 市场新发行 15 只新股，其中，英国企业 11 只、国际企业 4 只，总募集资金 6.00 亿英镑。1 231 家企业完成再融资 15.40 亿英镑，其中，英国企业 972 家、国际企业 259 家。

在二级市场上，2023 年，伦敦证交所成交额总计 1.01 万亿英镑，同比下降 23%。其中，主板市场成交额为 9 704.86 亿英镑，同比下降 23%；AIM 市场交易额为 366.20 亿英镑，同比下降 29%。[1]

2. 债券市场

英国债券市场组成如下：

（1）政府债券。政府通过发行政府债券筹集资金。其中，英国市政债券服务局（Municipal Bonds Agency）协助各地政府以较低成本进行融资，所得资金主要用于基础设施和房屋建造等。2023 年 12 月，英国政府债券规模达到 3.0 万亿美元。

（2）其他英国固定利率债券，包括可转换债券、优先股及其他由公司、地方政府和银行发行的债券。

（3）国际债券。伦敦日益成为国际债券发行与交易中心。截至 2023 年第四季度，英国国际债券规模达 3.4 万亿美元，居世界首位，约占全球总量的 12.0%。[2]

英国是全球绿色金融领域的积极推动者，伦敦证交所自 2015 年起引入绿色债券专业板块，吸引了中国、印度和中东地区首批经过认证的绿色债券以及亚太地区和美洲地区首批绿色主权债券。该板块于 2019 年 10 月被可持续债券板块替代。截至 2022 年末，已有超 410 只债券在伦敦证交所可持续债券板块交易，筹集资金约 1 604 亿英镑。[3]

3. 基金市场[4]

伦敦是全球领先的基金管理中心之一，截至 2022 年末，英国基金市场管理的资产总额达到创纪录的 12.7 万亿美元（约合 10.3 万亿英镑）。英国基金业国际化程度较高。首先，在机构层面，该国汇聚了大量本国与外国基金公司；其次，从投资方向上看，在股权类投资中，海外投资占比达 78.2%，在债权类投资中，海外占比为 60.3%；最后，在服务对象上，为海外客户管理的基金总额达 5.2 万亿美元（约合 4.2 万亿英镑）。

在传统投资领域，英国是欧洲最大的养老基金来源地，2022 年，养老基金管理规模达 2.6 万亿美元，占全球总额的 5.4%。养老金资产与 GDP 比率达 80%，居全球首位。此外，英国的保险资产和共同基金规模也居世

① 数据来源：伦敦证券交易所网站。
② 数据来源：Summary of Debt Securities Outstanding, BIS。
③ 数据来源：Key Facts about the UK as an International Financial Centre 2023。
④ 本部分数据主要来源为：Key Facts about the UK as an International Financial Centre 2023；Key Facts about UK-Based Financial and Related Professional Services 2024。

界前列，分别为 3.2 万亿美元和 1.9 万亿美元　　（见表 4-5）。

表 4-5　传统型投资管理资产

单位：十亿美元

经济体	养老基金（2022.12）	保险资产（2021.12）	共同基金（2023.6）
美国	30 439	8 482	31 599
日本	3 099	3 700	5 078
英国	2 568	3 158	1 915
法国	125	901	2 412
加拿大	2 880	NA	1 717
其他	8 750	NA	25 351
全球	47 861	NA	65 072

数据来源：Key Facts about the UK as an International Financial Centre，2023。

伦敦是仅次于纽约的全球第二大对冲基金管理中心。2022 年，英国对冲基金规模为 3 700 亿美元（3 000 亿英镑），约占全球的 8%，一直保持欧洲第一的位置。英国还是众多对冲基金管理服务中心，如机构经纪、托管和审计等。

英国拥有发达的私募股权市场。2022 年，英国私募股权基金的总投资额为 552 亿美元（约合 447 亿英镑），居欧洲首位；英国的被投公司则获得来自全球的 330 亿美元（约合 267 亿英镑）的股权投资。伦敦是欧洲最大的私募股权投资与基金管理中心，2018 年到 2022 年，英国私募股权业为 8 795 家公司提供了 1 810 亿美元（约合 1 466 亿英镑）的投资。

（四）外汇市场

英国外汇市场在全球居领先地位。根据 2022 年 4 月数据，英国外汇交易量占全球的 38.1%，低于 2019 年 4 月的 43.2%。2022 年 4 月，英国日均外汇交易额为 3.76 亿美元，高于 2019 年 4 月的 3.58 亿美元。[①]

英国外汇市场主要是场外市场，由即期交易、无交割远期、直接远期、外汇掉期、货币掉期、外汇期权等市场构成。其主要参与者包括报告交易商、银行、其他金融机构和非金融机构等。

根据外汇交易联合常设委员会（The Foreign Exchange Joint Standing Committee）统计数据[②]（见表 4-6），2024 年 4 月，英国外汇日均交易量达 3.4 万亿美元，较 2023 年 10 月上涨 14.4%，较 2023 年 4 月上涨 7.5%。各类外汇交易工具交易量涨幅不一。与 2023 年 10 月相比，外汇掉期交易额为 1.52 万亿美元，增长 12.7%；即期交易额增长 14.1%；远期交易额上涨 13.3%；期权交易额上涨 36.4%；货币掉期交易额保持稳定。

从货币对看，2024 年 4 月，美元/欧元货币对的交易最为活跃，日均交易额为 7 949 亿美元，较 2023 年 10 月增长 8%，较 2023 年 4 月下降 10%。排名第二的美元/日元货

---

① Foreign *Exchange and OTC Derivatives Markets Turnover Survey*，2022。该报告每 3 年更新一次。
② Results *of the Semi-Annual FX Turnover Surveys in April* 2024.

币对日均交易额为 4 548 亿美元，较 2023 年 10 月上升 25%，较 2023 年 4 月上升 23%。美元 / 英镑的交易量从 2023 年 10 月的 3 700 亿美元上升至 3 879 亿美元，上升幅度为 5%，排名第三。美元 / 人民币的交易额为 1 849 亿美元，较 2023 年 10 月上升 90%，较 2023 年 4 月的低位上涨 171%。

表 4-6　英国外汇市场数据

单位：十亿美元、%

分类	2024 年 4 月	2023 年 10 月	2023 年 4 月	2022 年 10 月	2022 年 4 月	2021 年 10 月
日均交易量						
交易总量	3 351	2 928	3 117	2 873	3 273	2 758
即期	985	863	876	901	884	730
远期	572	505	593	452	505	453
外汇掉期	1 521	1 350	1 447	1 322	1 687	1 428
货币掉期	36	36	36	31	26	28
期权	236	173	165	167	170	119
交易币种占比						
美元	90	90	89	89	90	89
欧元	31	33	38	37	37	36
日元	16	15	14	13	14	13
英镑	15	16	16	18	17	20
澳大利亚元	5	5	4	5	6	6
瑞士法郎	7	7	8	7	6	5
加拿大元	5	5	5	5	6	5
其他货币	31	29	26	26	24	26
全部货币	200	200	200	200	200	200

数据来源：英格兰银行。

（五）商品市场

1. 商品期货市场

伦敦拥有下述重要大宗商品衍生品交易所：全球领先的有色金属交易所伦敦金属交易所（LME），欧洲最大的能源产品交易所欧洲交易所（ICE）欧洲分部。其中，ICE 经收购交易，将欧洲最大的软商品交易所 NYSE Liffe 纳入旗下。此外，伦敦还有数家全球知名大宗商品组织，包括国际咖啡组织（International Coffee Organization）、粮食和饲料贸易协会（The Grain and Feed Trade Association）和国际糖业组织（International Sugar Organization）等。伦敦作为重要的国际金融中心，成为参与大宗商品交易的国际企业、投资银行和其他金融机构的交易首选地。

伦敦金属交易所是世界工业用金属交易中心。其 3 个交易平台（LME select 电子交易平台、交易圈和 24 小时电话交易平台）的价格被作为全球基准价，并用于企业和投资机构的风险管理。该交易所提供 14 种金属的

6 种不同合约，含有色金属、黑色金属、贵金属和小金属 4 大类，包括铝、铜、锌、镍、铅、锡、铝合金、北美特种铝合金（NASAAC）、螺纹钢、废钢、黄金、白银、铂金、钯、钼和钴等。提供的交易合约包括期货、期权、交易平均价期权、月均期权、LME 小型期货合约和指数产品等。

按金属分，2023 年，LME 金属交易量为 1.49 亿手，高于 2022 年的 1.34 亿手，交易量上升 11.2%。其中，铝合约自 1978 年问世以来，一直是该交易所流动性最高的品种，2023 年共交易 6 026 万手，同比上涨 8.0%。铜合约是该交易所 1877 年建立时提供的第一个交易品种，2023 年交易量为 3 602 万手，同比上涨 16.3%。铅合约交易 1 563 万手，同比上涨 46.2%。镍合约于 1979 年引入交易，作为不锈钢和电池的重要组成部分，镍金属对能源行业的发展，尤其是代表未来发展方向的电动汽车业，具有举足轻重的影响。2023 年镍合约交易量为 1 100 万手，同比下降 12.2%。锡合约交易 130 万手，同比上涨 28.6%。锌合约最早于 1920 年上市，也是流动性最强的交易品种之一，被许多经济学者称为全球经济的"晴雨表"，2023 年交易 2 376 万手，同比上涨 5.8%。按工具分，2023年，期货合约交易 1.42 亿手，较 2022 年上升 12.2%；期权合约交易 629 万手，较 2022 年下降 12.2%。[1]

洲际交易所欧洲分部（ICE Futures Europe）为原油、利率、股权衍生品、天然气、电能、煤炭、二氧化碳排放和软商品等提供期货与期权合约交易。2023 年，交易所的合约成交量为 12.69 亿手，其中，期货合约 10.86 亿手、期权合约 1.83 亿手。利率和布伦特原油是交易量最大的标的。在期货合约中，利率合约和布伦特原油合约交易量分别为 4.57 亿手和 2.68 亿手。在期权合约中，利率合约和布伦特原油合约交易量分别为 0.83 亿手和 4 096 万手。[2]

2. 伦敦金银市场

在伦敦，大量的贵金属交易通过场外市场进行。伦敦金银市场由伦敦金银市场协会（London Bullion Market Association，LBMA）主办。作为全球著名贵金属批发市场标准制定机构，该协会不是一家交易所，而是一家金银市场的代表性机构。其会员分为做市商和普通会员两类，包括银行、制造商、提炼商、运输商和经纪商等。该组织全球会员企业数超 140 家。

2023 年，伦敦黄金持有量为 2.8 亿盎司（约合 5 693 亿美元），较上年减少 1 177 万盎司；白银持有量为 8.6 亿盎司（约合 206 亿美元），较上年增加 1 529 万盎司。[3] 在 LBMA 价格竞拍中，绝大多数的黄金和白银都通过中央清算渠道进行清算。2023 年，通过 LBMA 清算的日均金、银交易量分别为 1 807 万盎司（约合 352 亿美元）和 2.33 亿盎司（约合 50 亿美元）。[4]

四、金融监管

（一）金融政策委员会

英国央行金融政策委员会（Financial

---

① 数据来源：Annual Trading Volumes，LME。
② 数据来源：ICE 网站，https://www.theice.com/marketdata/reports/7。
③ 数据来源：Vault Holding Data，LBMA。
④ 数据来源：Clearing Statistics，LBMA。

Policy Committee，FPC）是 2008 年国际金融危机后为改善金融稳定而引入的新监管体系的一部分，负责识别、监控并采取行动消除或降低系统性风险，以保护和增强英国金融体系的弹性。FPC 的次要目标是支持政府的经济政策。FPC 有两套权力——指导权力和推荐权力：金融政策委员会有权指示监管机构对一些具体的政策工具采取行动；金融政策委员会可以提出降低金融风险的建议。

FPC 通常有 13 名成员，其中 6 人是英格兰银行（Bank of England）员工：行长、4 位副行长以及负责金融稳定战略和风险的执行董事。FPC 成员还包括金融行为监管局（Financial Conduct Authority，FCA）的首席执行官和英国财政部（HM Treasury）的 1 位无投票权成员。此外，还有 5 位外部成员是根据他们在金融服务方面的经验和专业知识从央行外部挑选出来的。

FPC 通常每年召开 4 次会议、发布 2 次《金融稳定报告》，阐述委员会对金融稳定面临的主要风险的看法，并评估金融体系应对这些风险的准备程度。

2024 年 7 月的《金融稳定报告》[①] 指出：

（1）英国面临的总体风险环境与第一季度持平。尽管全球风险环境面临诸多挑战，但英国银行有能力支持家庭和企业。全球范围内，高利率环境的影响仍在继续，包括对企业和家庭债务再融资的影响。美国商业房地产市场的风险正在显现，全球范围内市场化融资的脆弱性问题尚未得到解决。

（2）部分家庭及高杠杆企业仍面临由生活成本和利率上升带来的经济压力和融资风险。当前英国家庭名义收入强劲增长，且失业率持续下降，家庭总债务与收入之比呈现下降趋势。然而，包括租房者在内的许多家庭仍面临生活成本上升和利率上升的双重压力。未来两年内，偿还抵押贷款的家庭的可用收入将有所上升，但仍将远低于国际金融危机前的水平。从历史角度看，抵押贷款拖欠率仍维持在较低水平，远低于历史峰值。企业层面，英国企业的债务脆弱性整体有所下降。面对高利率环境，多数企业具备一定的抵御能力。尽管如此，高杠杆企业依然存在一定的脆弱性。2024 年上半年企业债券发行量较高，且未来几年仍有大量市场化企业债务将到期，企业需要以较高利率进行再融资。这将增加企业的财务压力，特别是高杠杆和低信用评级公司，一些由私募股权支持的公司可能面临更大的再融资风险。

（3）私募股权行业提升风险管理实践对于稳定市场至关重要。私募股权公司及其投资组合普遍依赖高杠杆，在融资条件收紧时易表现出脆弱性。此外，估值的不透明性，以及与信贷市场的紧密联系可能导致银行和机构投资者遭受损失，从而引发市场溢出效应，进一步影响企业融资条件。提高估值实践和杠杆水平的透明度，改进行业的风险管理实践，是降低行业脆弱性的关键。鉴于私募股权市场在不同司法管辖区间的紧密联系，国家间的协调工作对于应对全球市场动荡至关重要。

（4）英国银行体系资本依然充足且流动性稳健。尽管经济和金融状况低于预期，英国银行体系凭借充足的资本和流动性，仍然有能力支持家庭和企业。目前，英国主要银行的股本回报率总体接近其股本成本，资产

---

① Bank of England，Financial Stability Report，July 2024.

质量依然坚实。未来，随着新冠疫情后的非常规措施逐步取消，以及各国央行资产负债表的正常化，多种系统性因素可能影响银行的融资和流动性。例如，英国央行逐步退出资产购买计划，并将结束旨在为中小企业提供额外激励的定期融资计划。面对这些变化，银行需将系统性趋势纳入其流动性管理和未来的战略规划，利用央行提供的各种设施，如短期回购和指数化长期回购设施，有效管理其资金和流动性。

（5）全球金融市场仍存在一定脆弱性。增长前景减弱、通胀持续、地缘政治条件进一步恶化等因素易引发风险偏好的转变，进而影响到估值和风险溢价。尽管面临利率大幅上升和近期地缘政治事件的挑战，金融市场资产估值迄今为止仍表现稳健。但市场对高利率环境的调整尚未完成，价格仍然容易出现大幅波动。这种市场波动通过两个主要渠道对实体经济产生影响：一是市场大幅回调增加企业的债务再融资成本和难度，尤其是在杠杆贷款和高收益公司债大量到期的情况下；二是市场波动可能与市场化融资的脆弱性相互作用，导致杠杆市场参与者遭受重大损失，从而降低市场风险偏好，最终导致流动性问题和核心市场功能恶化。

（二）货币政策委员会

货币政策委员会（Monetary Policy Committee，MPC）通过制定英格兰银行的货币政策保持低通胀和货币稳定，其主要职责包括维持物价稳定、支持政府经济政策、实现增长与就业目标。

MPC 由 9 名成员组成：央行行长、3 位副行长、首席经济学家以及 4 位直接由财政大臣任命的外部成员。他们的职责是确保 MPC 充分了解财政政策发展和政府经济政策的其他方面，并确保财政大臣充分了解货币政策。MPC 每年召开 8 次会议制定货币政策。

MPC 制定货币政策以实现 2% 的通胀目标，并以有助于维持增长和就业的方式实现该目标。在 2024 年 6 月 20 日的 MPC 会议上[①]，MPC 以 7∶2 的投票结果决定将银行利率维持在 5.25%。MPC 认为：（1）12 个月的 CPI 从 3 月的 3.2% 降至 5 月的 2.0%，短期通胀预期指标将继续缓和，尤其是家庭通胀预期指标。但由于能源价格的基数效应，通胀率可能在年底稍有回升。（2）2024 年上半年，英国的 GDP 比预期更强劲，但商业调查仍与每季度 0.25% 的较为缓和的潜在增速一致。（3）来自英国国家统计局（ONS）劳动力调查的数据推算存在不确定性，因此很难准确判断劳动力市场活动的变化。基于一系列广泛的指标，MPC 认为劳动力市场虽在放松，但相比历史标准仍然相对紧张。未来，MPC 将继续密切监视各类通胀指标，包括劳动力市场紧张程度、工资增长趋势以及服务业价格，并根据经济数据调整货币政策，持续将通胀率维持在 2% 的目标。

（三）审慎监管委员会

审慎监管委员会（Prudential Regulation Committee，PRC）根据《1998 年英格兰银行法案》成立，同时根据 2000 年《金融服务与市场法》，PRC 有权行使英国央行审慎监管的职能。

PRC 对总计 1 500 余家银行、建筑协会、

① https://www.bankofengland.co.uk/monetary-policy-summary-and-minutes/2024/june-2024.

信用联盟、保险公司和主要投行等机构进行监管。PRC 的总目标是促进被监管公司的安全与稳健；确保公司开展业务的方式能避免对英国金融系统稳定性产生不利影响；为保险投资人提供保护；在合理的可能范围内，促进市场服务的有效竞争。①2023 年，PRC 的主要工作如下。②

一是建立稳健、安全、开放的监管制度。具体举措包括：（1）推动《巴塞尔协议Ⅲ》的实施。2023 年 12 月，PRC 发布了关于实施《巴塞尔协议Ⅲ》的首份接近最终版的政策声明，旨在通过与国际标准接轨的资本比率，提升金融机构的安全性和稳健性。（2）与英国财政部合作，对《偿付能力Ⅱ》（Solvency Ⅱ）进行审查，并制定新的"英国偿付能力"制度。作为改革措施的一部分，2023 年，PRC 发布两份咨询文件，阐明其拟议的规则变更。2023 年 6 月发布《偿付能力Ⅱ审查：适应英国保险市场》，简化了保险公司的资本计算，增加了内部模型使用的灵活性，并通过引入新的"动员"制度，鼓励新市场参与者。2023 年 9 月发布《偿付能力Ⅱ审查：匹配调整改革》，促进保险公司更广泛和快速的投资，同时提高其对风险的响应能力，增强公司对风险管理的责任。（3）推进稳定币监管。2023 年 11 月，PRC 与其他金融监管机构共同制定了一套试行规则，规定如何监管广泛用于支付的稳定币。该试行规则旨在确保稳定币的价值和使用安全。

二是监控和防范系统性风险，增强金融体系韧性。（1）加强对金融机构的风险监测。银行方面，英国央行每年都会对英国最大的银行进行压力测试，以了解它们是否能应对

经济危机。2023 年的压力测试表明，英国银行业能够抵御比 2008 年国际金融危机更严重的经济衰退。非银方面，由于市场化融资体系结构复杂，且在全球范围内相互联系，英国央行正在与其他海外当局合作，以增强风险抵御能力。FPC 启动了一项全系统探索性情景练习（SWES），以帮助监管机构更好地了解银行和非银行机构在金融市场遭受严重冲击时可能采取的行动，以及行动所带来的后果。FPC 将在 2024 年底发布关于 SWES 结果的详细报告。（2）加强对操作韧性的监督。英国央行、审慎监管局和金融行为监管局试图建立一个强大的监督框架，以提高机构和金融市场基础设施（FMIs）的操作韧性，确保公司和 FMIs 能够预防、应对操作中断。鉴于公司和 FMIs 对技术及第三方供应商的依赖逐渐增强，其运营复杂性日益提升，2023 年 12 月监管机构发布《操作韧性：英国金融部门的关键第三方》，提出如何评估和加强"关键第三方"服务的韧性，从而降低系统性中断的风险。

三是致力于识别新兴风险，提升监管能力。PRC 积极适应并应对外部环境变化，有效分配监管资源。（1）数字化转型。PRC 与央行的其他部门（包括金融科技中心）紧密合作，监测与数字化相关的发展，重点关注银行服务（banking as a service）以及其他基于技术的商业模式发展。此外，PRC 与其他金融政策制定者（包括英国财政部）合作，通过金融监管倡议论坛共享信息并协调相关倡议，内容涉及数字化的操作韧性和关键第三方等。（2）人工智能和机器学习。PRC 与英国央行、FCA 发布关于人工智能和机器学

---

① Terms of Reference for the Prudential Regulation Committee.
② Prudential Regulation Authority Annual Report.

习的联合声明，表示将考虑采取相称的方法，使英国金融服务机构能够安全、负责任地采用人工智能和其他技术。具体而言，2022年10月发布《DP5/22——人工智能和机器学习》，以进一步了解人工智能如何影响金融机构审慎监管和行为监管目标。2023年10月发布《FS2/23——人工智能和机器学习反馈声明》，总结了对《DP5/22——人工智能和机器

学习》的回应，并提出其他监管要点，包括强化监管机构之间的协调与一致性，提高对消费者在公平和伦理维度方面的关注。(3)气候变化。2023年，PRC对金融机构的气候相关金融风险管理进行监督，评估机构的实践是否符合《SS3/19——加强银行和保险公司管理气候变化金融风险的方式》设定的期望，包括对公司资本计划、风险和偿付能力的评估。

专栏 11　英国脱欧后《偿付能力 II》监管框架及其影响

英国脱欧后，包括保险在内的英国金融服务面临与欧盟监管对齐的挑战。英国推出了《偿付能力 II》和《金融服务与市场法》，旨在使《偿付能力 II》监管体制更加符合英国保险市场。但是《偿付能力 II》法规的调整是否能够达到与欧盟标准的等效是英国能否顺利完成过渡的关键。

监管框架的等效性将由欧盟委员会负责作出评估和审查，欧洲保险和职业年金监管局（EIOPA）将以咨询顾问身份支持等效性评估的准备工作。评估主要涉及 3 个等效性领域：第一，再保险等效性（《偿付能力 II》第 172 条），主要涉及第三国的再保险商。如果第三国规则被视为等同于《偿付能力 II》，那么与该国再保险商签订的再保险合同应和与欧洲经济区内的再保险商签订的合同享有同等待遇。第二，偿付能力计算等效性（《偿付能力 II》第 227 条）。对在第三国运营的欧盟保险公司，如等效性评估结果为

正面，则欧盟保险集团可以在第三国应用当地的资本要求和自有资金规则。第三，集团监管等效性（《偿付能力 II》第 260 条），主要适用于在欧盟内部经营保险业务的第三国保险集团。如果第三国的监管制度被认为与《偿付能力 II》相当，那么欧洲监管机构将依赖第三国监管机构进行集团监管。

目前，欧盟委员会尚未完成对英国《偿付能力 II》等效性的评估。如果英国获得再保险等效性认定，则偿付能力计算等效性对于在欧盟成员国设有子公司的英国保险集团尤为重要。如果获得正面的等效性认定，将允许英国保险集团在其第三国子公司使用当地的资本规则和要求，而不是严格遵守《偿付能力 II》，确保英国再保险公司与欧盟再保险公司享有同等待遇。对于在欧盟内部经营的英国保险集团而言，获得等效性认定将使欧洲监管机构依赖第三国监管机构进行集团监管，从而简化监管流程并降低运营成本。

专栏 12　英国银行业压力测试：评估金融稳定性与抵御极端经济情景的能力

在国际金融危机之前，监管机构对以制定政策为目的的压力测试使用有限，但危机

后英国金融市场监管机构开始制定和实施银行压力测试框架。英国银行业压力测试主要是为了评估各银行在假设的不利经济情景下的抵抗力，如严重的经济衰退、房地产市场崩溃和失业率上升等。英国的压力测试框架主要由英格兰银行指导，通常包括以下几个步骤：第一步，设定压力情景。压力情景通常包括比央行预期更为严峻的经济和金融市场极端走势，如经济衰退导致 GDP 急剧下降、房价大幅下跌影响按揭贷款的回收、失业率上升增加信用违约、金融市场波动影响交易性资产的价值等。英国央行强调，压力测试中应用的情景不是对英国或国外宏观经济和金融状况的预测。测试情景不是一组预期或可能实现的事件，而是代表了连贯的"尾部风险"，严峻但合理且足够广泛，用于评估英国银行体系对一系列不利冲击的抵御能力。第二步，模型分析。使用各种建模技术来评估不同情景对金融机构利润和资产负债表的影响，压力测试所使用的模型会结合顶层设计的宏观模型和底层设计的微观模型（如信用风险模型、市场风险模型、流动性风险模型）。宏观模型评估整个系统的影响，而微观模型关注单一机构的具体影响。第三步，结果应用。压力测试的结果被用来指导宏观和微观审慎政策的设定，如资本充足率要求等，以加强整个金融系统的稳定性。

2024 年，为监测和评估英国银行体系应对下行风险的韧性，英国央行对银行业进行了桌面压力测试（Desk-based Tests）。与传统压力测试不同，桌面压力测试下银行无须提供测试结果，仅需提交其资产负债表供监管机构在此基础上进行测试。该模式允许监管机构进行更广泛的情景测试。

此次桌面压力测试以英国主要银行和建筑协会为代表（这些银行占该行业对英国实体经济贷款的 75% 左右），测试情景涉及供给和需求两个方面，测试将评估在压力情景下，银行系统是否有能力继续满足家庭和企业的信贷需求。测试情景的设定方法是通过供给端和需求端的假设，将某些关键的宏观经济变量（如 GDP、失业率和房价）推至历史分布的极端尾部。在供给端和需求端两个不同情景下，英国都发生了严重的国内衰退：GDP 下降 5%、失业率达到 8.5%、房价下跌 28%、商业地产价格下跌 35%。且两个情景均伴随严重的全球衰退，全球 GDP 下降 3%。

但由于冲击性质不同，两个情景下的通胀和利率路径各不相同。在全球总供给冲击情景中，地缘政治局势紧张、大宗商品价格上涨、供应链中断加剧。发达经济体的通胀上升，英国的通胀率达到 12% 的峰值。通胀率的上升导致通胀预期在一段时间内居高不下，并对工资施加了上行压力。政策制定者需在稳定 GDP 增长和通胀之间作出取舍。为防止通胀预期固化，政策制定者提高利率。在此情景下，2024 年银行利率上升至 9%，并保持 4 个季度的高峰水平。随后，政策制定者在压力测试期间逐步降低利率。

在全球总需求冲击情景中，国内和全球需求萎缩。发达经济体的 GDP 和通胀下降，英国通胀率从 2023 年底的 4% 下降至 0.5% 的谷底。政策制定者为支持经济复苏并使通胀回归目标而降低利率。银行利率从 5.25% 下降至 0.1%，并在 8 个季度内保持在 0.5% 以下。随后，政策制定者在压力测试期间逐步提高利率。

央行将评估在两种不同的压力情景下，银行系统是否有能力继续满足家庭和企业的信贷需求。最终结果将在 2024 年底发布。

（四）金融基础设施监管

金融市场基础设施（Financial Market Infrastructures，FMI）本质上是允许金融交易发生的网络，通常被称为金融系统的管道。FMI有助于使人们、企业和金融服务部门之间的金融交易更安全、更高效、更便宜。由于其对金融系统平稳运行的重要性，英格兰银行对某些FMI进行了监管，以确保它们的安全运行。

英格兰银行监管着3种主要类型的FMI：被认可的支付系统、中央证券存管机构，以及中央对手方（CCP）。[①]在英国，每天受英格兰银行监管的FMI的支付额大约有3 600亿英镑。

2023年，英国央行金融市场基础设施监管工作为推进和实现金融稳定目标发挥了重要作用，其主要内容如下。

一是增强金融市场基础设施（FMI）的韧性。金融韧性对FMI至关重要，尤其是承担对手信用风险的FMIs，如中央对手方（CCP）。确保英国中央清算机构乃至全球清算市场能够抵御冲击是FMI监管和政策制定的关键一环。2023年，英国央行的主要工作如下：（1）开展一系列监督审查，评估中央对手方（CCPs）的模型和风险管理。2023年的CCPs压力测试显示，英国的中央对手方在面对严重市场压力情景时依然具有韧性。（2）致力于保证金领域的前沿工作。2022年9月，巴塞尔银行监管委员会（BCBS）、支付与市场基础设施委员会（CPMI）和国际证监会组织（IOSCO）发布《保证金实践回顾》报告，报告包含若干后续工作建议，如确保市场参与者拥有充足的信息进行流动性管理，以及避免保证金要求的过度顺周期性。2023年5月，英国央行参与发布补充报告《集中清算商品市场的保证金动态2022》，报告阐述了高波动时期商品市场面临的挑战，用于指导BCBS-CPMI-IOSCO对CCP的保证金政策。此外，英国央行参与主持BCBS-CPMI-IOSCO联合小组工作，负责评估集中清算市场的初始保证金实践和模型响应，并积极参与"CPMI-IOSCO关于简化集中清算市场变动保证金实践"工作组。（3）推进加强的CCP处置机制的实施。2023年《金融服务与市场法》包括一项加强的CCP处置机制，该机制于2023年12月31日生效。作为处置当局，英国央行需确保CCP处置的高效与公平、保护纳税人资金，并确保关键清算服务的连续性。

二是加强对FMI的监管。（1）监控FMI的创新发展。英格兰银行与英国首个使用分布式账本技术（DLT）进行批发结算的支付系统Fnality开展合作。11月17日，Fnality使用英格兰银行所持资金的数字表示，正式启动了第一阶段的实时交易。Fnality将在英格兰银行的监管限制下运营。此外，现有的FMI正考虑对其运营和流程进行更改，其中一些FMI启动了大规模的基础设施转型项目。英格兰银行将确保FMI创新和变更的有效性与稳健性，维护金融稳定。（2）强化对外包和第三方安排的监管框架。2022年，英格兰银行、审慎监管局和金融行为监管局联合发布讨论文件，针对为机构和FMI提供重要服务的"关键第三方"提出评估和加强其服务弹性的措施。2023年《金融服务与市场法》引入针对

---

① https://www.bankofengland.co.uk/financial-stability/financial-market-infrastructure-supervision.

"关键第三方"新的监管法规。新法规要求监管机构对"关键第三方"进行识别，并推荐给财政部进行正式指定；针对"关键第三方"的重要服务建立具体的操作风险和韧性要求；制定信息收集和测试要求的规则。

三是促进支付、结算和清算领域的创新。（1）将稳定币纳入监管机构的职权范围。2023 年 11 月，英格兰银行发布名为"使用稳定币的系统性支付系统和相关服务提供商的监管制度"的讨论文件。文件要求支付链上存在一个被确定为支付系统运营商的实体，该实体需能够评估支付链的风险，并确保适当的控制措施。文件还要求发行人以存款支持稳定币，以确保稳定币的价值。此外，钱包提供商需确保稳定币持有人以法定货币平价赎回稳定币的权利。（2）加强创新领域的监管合作。 2023 年 7 月，英格兰银行支持金融稳定委员会（FSB）发布加密资产活动全球监管框架，包括关于加密资产活动和市场的监管，以及关于"全球稳定币"安排的监管。此外，英格兰银行还支持支付与市场基础设施委员会（CPMI）发布名为"在跨境支付中使用稳定币安排的考虑因素"的报告。该报告是 G20 跨境支付计划的一部分，评估了是否以及如何使用设计良好且受监管的稳定币安排改善跨境支付。（3）支持证券结算领域的创新。英格兰银行与 FCA 合作，计划在 2024 年启动数字证券沙盒（DSS）的应用。初期，DSS 将探索新技术在 4 项活动中的应用：公证、结算、维护以及运营交易场所。

五、金融消费权益保护工作情况

金融行为监管局（Financial Conduct Authority，FCA）是 42 000 家金融服务机构和金融市场的行为监管机构，也是 41 000 家机构的审慎监管者，为 17 000 家机构制定具体标准。FCA 的工作主要以《金融服务与市场法》为基础，其战略目标为确保相关市场稳定运营。为实现这一目标，FCA 设定以下 3 个运营目标：（1）确保为消费者提供适当程度的保护。（2）保护和增强英国金融体系的公正性。（3）促进英国金融体系的有效竞争。FCA 对从事金融服务活动的公司和个人进行授权、监督和采取必要的行动，这些受监管的公司必须得到 FCA 授权或注册，除非拥有豁免权。[1]

（一）监管改革动态

FCA 的 2023/24 年度报告[2]展示了 FCA 如何根据战略和运营目标保护消费者权益，维护公平公正的市场秩序。

一方面，FCA 通过一揽子措施降低消费者投资风险。具体措施包括：（1）处理问题公司。2023/24 年度 FCA 取消了 1 261 家公司的授权，数量较上年增加了 1 倍，并通过金融服务注册表的及时更新向消费者提供公司的最新监管状态。（2）改进补偿机制。FCA 就强调"谁污染谁付费"的新提案征求意见，确保更多的个人投资公司为其造成的危害预留更多的资本，从而减少对金融服务补偿计划（FSCS）的索赔。（3）减少因公司倒闭带来的危害。FCA 通过快速识别有倒闭风险的公司，促使公司纠正问题、有序清算或以最小化消费者危害的方式进入破产程序。2023/24 年度，FCA 审查了 195 家公司的资本充足性和风险评估流程，认为它们需要在

---

① https://www.fca.org.uk/about/the-fca.
② FCA Annual Report and Accounts 2022/23.

自身评估的基础上额外持有 10 亿英镑的资本和 25 亿英镑的流动性。为保护客户资金，FCA 审查了 3 000 多份有关金融服务公司如何持有和保护客户资产的审计报告。为提前识别出问题企业，FCA 采用新的监管报表，收集了 23 000 家公司的财务数据进行分析。截至 2023 年第四季度，在所有进入破产程序的受监管企业中，52.8% 的企业已提前被 FCA 确定为面临倒闭风险或财务复原力水平较低。(4) 加强对授权代表（Appointed Representatives，AR）① 的监督。目前，英国约有 34 000 名个人或公司担任向授权公司（委托人）提供金融服务或产品的授权代表。2023/24 年度，FCA 的监管干预导致主公司终止了与大约 300 家介绍型授权代表和 350 家全权授权代表的关系，帮助减少对消费者的实际或潜在危害。调查显示，63% 的主公司认为，FCA 的行动有效地改善了对授权代表的监督，而这一比例在 2022 年为 56%。

另一方面，FCA 通过设立更高的监管标准，维护消费者利益。(1) 新的消费者保护规则《消费者责任》（Consumer Duty）已经生效。自 2023 年 7 月 31 日起，大多数公司需按照《消费者责任》的要求，确保消费者受到公平对待，并获得他们能够理解的金融产品。FCA 持续评估公司对《消费者责任》的履行情况，并于 2023 年 12 月发布针对零售银行的审查结果。此外，FCA 还实施了针对加密资产的新营销制度。根据新规则，向英国消费者推广加密资产的公司必须确保推广内容清晰、公平且不具误导性。消费者还享有 24 小时冷静期。(2) 推动 ESG 信息披露。鉴于消费者对可持续投资产品的偏好，FCA 致力于保护消费者免受 ESG 相关产品和服务的误导性营销和披露的影响。2023 年 11 月，FCA 推出了一套措施，提高可持续投资产品的信任度和透明度，并减少"洗绿"行为，包括投资标签、适用于英国资产管理公司的命名和营销规则，以及针对向英国零售投资者分销投资产品的分销商的特定规则。鉴于提供 ESG 产品的金融服务公司对第三方 ESG 数据和评级服务的依赖不断增强，FCA 推动国际资本市场协会（ICMA）和国际监管集团（IRSG）共同制定 ESG 数据和评级提供商的行为准则，并于 2023 年 12 月发布一份自愿行为准则，旨在提高市场的透明度和信任度。(3) 减少运营中断对消费者的影响。金融服务行业仍然面临显著且日益增长的运营中断威胁，包括网络威胁。2023 年报告给 FCA 的中断数量从 2022 年的 785 起上升至 1 018 起。FCA 继续评估公司维持其重要业务在可接受影响范围内的能力，并降低"关键第三方"带来的风险。FCA 联合英国央行和审慎监管局就"关键第三方"的提案进行咨询，并在 2024 年底前公布最终规则。FCA 还联合英国央行和审慎监管局推出网络风险评估工具，该工具模拟了对重要业务服务及支持这些服务的技术和流程的网络攻击，有助于监管机构和公司更好地了解网络漏洞，提高公司和金融系统的韧性。

（二）消费者投诉处理情况

根据金融行为监管局数据②，2023 年 4 月至 2024 年 3 月，英国金融业共收到新增投诉 19.9 万件，较上年度的 16.5 万件有所增加。对账户、信用卡的担忧，以及日益增长的欺

---

① 授权代表指的是那些由受 FCA 监管公司授权行事的公司或个人，该公司或个人并不直接受 FCA 监管。
② 数据来源：https://www.financial-ombudsman.org.uk/data-insight/annual-complaints-data。

诈和诈骗行为，在很大程度上推动了这一增长。从被投诉产品类别看，按占比高低依次为银行及支付、消费信贷、保险、抵押贷款、养老金、投资以及其他，占比分别为 40.3%、26.1%、23.8%、3.9%、3.3%、2.4% 和 0.2%。被解决的投诉中有 37% 的案件得到金融申诉专员服务（Financial Ombudsman Service, FOS）的支持，比 2022/23 年度的 35% 略有上升。

（三）监督执法情况

FCA 使用广泛的执法权力——包括刑事、民事和监管手段——以保护消费者。公司和个人必须始终达到某些最低标准（公司需满足的门槛条件和个人需通过的"合适与适当"测试），以继续获得 FCA 的授权。大多数门槛条件案件与公司相关，2023/24 年度，FCA 发起门槛条件相关案件 4 194 起，其中，2% 针对个人、98% 针对约 2 600 家公司；结案 3 504 起，其中，3% 涉及个人、97% 涉及约 2 000 家公司。此外，FCA 会根据 2000 年《金融服务与市场法》第 XI 部分开展执法行动。其中，批发业务调查团队负责保护市场完整性、保护消费者并减少金融犯罪，专注于内幕交易、市场滥用、市场操纵、违反上市规则、交易报告违规、批发不当行为问题（例如，与批发保险公司或银行的系统和控制或公司治理缺陷有关的问题）；零售业务与监管调查团队负责保护消费者并减少受监管部门中的金融犯罪，零售部门调查涵盖的领域包括零售银行、股票经纪、资产管理、抵押贷款经纪和贷款、保险、财务咨询、消费信贷、支付服务。截至 2024 年 3 月 31 日，FCA 有 188 项正在进行的执法行动，针对 341 名个人和 162 家公司。在 2023/24 年度的执法行动中，FCA 开出 12 张罚单，涉及金额总计 0.43 亿英镑。[①]

---

① 数据来源：FCA Enforcement data 2023/24。

第五章
上海与主要国际金融中心发展比较

近年来,上海国际金融中心建设取得显著成绩,但与纽约、伦敦等主要金融中心城市相比还存在一定差距。

从宏观环境看,中国经济从由效率驱动阶段升级为由效率驱动向创新驱动的过渡阶段,与发达经济体的创新驱动阶段差距缩小。

从金融活动看,2023年,全球场外衍生品市场持仓币种主要为美元和欧元;全球股市活动主要集中于美国和中国,全球期货期权成交主要集中在亚太地区。2023年,上海证券交易所市值全球排名第4位,IPO融资总额排名第1位,成交量排名第5位。上海期货交易所成交量排名全球第10位,较上年提升2位。中国金融期货交易所排名全球第25位,与上年持平。

上海交通大学上海高级金融学院智库的《上海国际金融中心建设评估报告》显示,从金融服务体系的层次与效率及国际化程度看,上海与纽约、伦敦等金融中心城市还有一定差距,金融发展环境和条件方面也有一定提升空间。

一、宏观环境条件比较

对国际金融中心城市所在国的宏观环境进行比较分析,有助于理解国际金融中心的竞争力及其国际地位的形成与变化。

在经济总量上,美国、中国分列第1位、第2位。在人均GDP上,传统发达国家/地区的水平明显高于发展中国家/地区。基于经济发展阶段理论,世界经济论坛根据人均GDP将各国经济划分为要素驱动、效率驱动和创新驱动三个发展阶段,三个阶段中间又有两个过渡期[①]。2023年数据显示,美国、英国、日本、中国香港和新加坡等经济体均处于创新驱动阶段,中国、俄罗斯和巴西处于由效率驱动向创新驱动的过渡阶段,南非处于效率驱动阶段,印度则处于由要素驱动向效率驱动的过渡阶段。在经济增长率上,2023年大部分国家和地区实现正增长。其中,印度和中国以7.8%和5.2%的增长率分列第1位、第2位(见表5-1)。

表5-1　2023年部分经济体的经济基本面

经济体	GDP/十亿美元	人均GDP/美元	实际GDP增长率/%
新加坡	501.43	84 734.28	1.1
美国	27 357.83	81 632.25	2.5
中国香港	376.97	49 225.86	3.2
日本	4 212.94	33 805.94	1.9

[①] 具体而言,人均GDP小于2 000美元的称为要素驱动的经济,处于3 000～8 999美元的为效率驱动的经济,处于2 000～2 999美元的为由要素驱动阶段向效率驱动阶段的过渡经济;人均GDP大于17 000美元的为创新驱动的经济,处于9 000～17 000美元的为由效率驱动阶段向创新驱动阶段的过渡经济。

续表

经济体	GDP/ 十亿美元	人均 GDP/ 美元	实际 GDP 增长率 /%
英国	3 344.74	50 029.78	0.1
中国	17 662.04	12 513.87	5.2
南非	377.68	6 138.25	0.6
巴西	1 924.13	10 642.44	2.9
印度	3 572.08	2 500.36	7.8
俄罗斯	1 997.03	13 647.81	3.6

数据来源：IMF。

二、金融市场规模比较

2023 年，全球场外衍生品市场扩大，持仓币种主要为美元和欧元；全球股市活动主要集中于美国和中国，上交所市值、IPO 首发融资额和成交量分列全球第 4 位、第 1 位和第 5 位；全球期货期权成交大幅增长。

（一）场外衍生品市场

据 BIS 统计，2023 年末，全球场外利率衍生品市场名义余额达 667.1 万亿美元，较上年末增加 49.1 万亿美元。其中，外汇、利率和股票合约的名义余额分别为 118.0 万亿美元、529.8 万亿美元和 7.8 万亿美元。从持仓币种来看，主要是美元和欧元（见表 5-2）。

表 5-2　全球场外衍生品持仓名义余额

单位：十亿美元

项目	2023 年	2022 年	2021 年	2020 年	2019 年
所有合约	667 058	617 959	598 416	582 055	558 513
外汇合约	118 004	107 559	104 250	97 550	91 779
其中：美元	102 089	93 710	89 582	85 342	80 991
欧元	38 589	35 117	34 326	31 761	28 129
日元	16 903	16 274	15 532	15 498	14 938
英镑	14 324	12 867	14 004	12 379	11 812
瑞士法郎	6 068	5 235	4 778	4 115	4 026
加拿大元	7 544	6 220	5 951	5 047	4 747
瑞典克朗	2 324	1 955	2 158	1 993	1 809
其他货币	48 167	43 739	42 168	38 964	37 105
利率合约	529 813	490 626	475 271	466 495	448 965
其中：美元	165 434	179 216	167 283	152 117	159 804
欧元	188 774	152 002	128 405	132 619	117 173
日元	33 823	26 918	35 681	37 131	37 843
英镑	38 304	36 749	51 618	54 284	44 146
瑞士法郎	3 850	3 577	5 072	3 614	3 669

续表

项目	2023 年	2022 年	2021 年	2020 年	2019 年
加拿大元	17 172	17 007	15 302	14 295	14 098
瑞典克朗	5 354	5 429	5 484	5 313	4 816
其他货币	77 102	69 728	66 426	67 122	67 416
股票合约	7 783	6 919	7 280	7 084	6 874
其中：美国股票	4 071	3 492	3 501	3 316	3 160
欧洲股票	1 869	1 854	2 021	2 078	2 153
日本股票	201	198	266	234	278
其他亚洲股票	364	361	362	344	295
拉丁美洲股票	588	356	403	441	308
其他股票	690	658	725	671	679
其他	11 458	12 855	11 616	10 926	10 896

数据来源：BIS。

注：外汇合约 = 所有币种之和 /2。

（二）股票市场

从股票市值、IPO 规模和股票成交规模三个方面来看，全球股市活动集中在美国和中国。

1. 美国股市市值全球领先

2023 年末，全球市值最大的 5 家交易所依次为纽约—泛欧证券交易所集团美国中心（NYSE）、纳斯达克（NASDAQ）、纽约—泛欧交易所集团欧洲中心（Euronext）、上海证券交易所和日本证券交易所集团（Japan Exchange Group）。上海证券交易所市值为 6.52 亿美元，全球排名第 4 位（见表 5-3）。

表 5-3　全球市值排名前十大交易所

单位：万亿美元

交易所	2023 年末	交易所	2022 年末
纽约—泛欧交易所集团美国中心	25.56	纽约—泛欧交易所集团美国中心	24.06
纳斯达克	23.42	纳斯达克	16.24
纽约—泛欧交易所集团欧洲中心	6.89	上海证券交易所	6.72
上海证券交易所	6.52	纽约—泛欧交易所集团欧洲中心	6.06
日本证券交易所集团	6.15	日本证券交易所集团	5.38
伦敦证券交易所集团	4.50	深圳证券交易所	4.70
深圳证券交易所	4.37	香港证券交易所	4.57
印度国家证券交易所	4.34	伦敦证券交易所集团	4.56
香港证券交易所	3.97	印度国家证券交易所	3.39
多伦多证券交易所集团	3.09	多伦多证券交易所集团	2.74

数据来源：WFE。

2. 全球股票市场 IPO 融资规模明显下降

2023 年，全球新上市公司 4 262 家，较上年减少 2.9%。其中，通过 IPO 上市的公司有 1 230 家，较上年减少 14.9%。2023 年，全球 IPO 融资额为 1 163 亿美元，较上年减少 54.5%。其中，上海证券交易所 IPO 融资额为 269.8 亿美元，全球排名第 1 位。

3. 全球股票成交规模下降，股市交易集中于美国和中国

2023 年，全球证券交易所股票成交额为 181.0 万亿美元，较 2022 年下降 9.2%。其中，美国股票市场（含纽约—泛欧交易所集团美国中心和纳斯达克）成交额占全球的 53.4%。2023 年，上海证券交易所成交额居全球第 5 位，沪深两市成交额占全球的 16.6%（见表 5-4）。

表 5-4 全球成交金额排名前十大交易所占比

单位：%

交易所	2023 年末全球占比	交易所	2022 年末全球占比
纳斯达克	38.9	纳斯达克	37.7
纽约—泛欧交易所集团美国中心	14.5	纽约—泛欧交易所集团美国中心	15.2
深圳证券交易所	9.6	芝加哥期权交易所全球市场	9.5
芝加哥期权交易所全球市场	8.3	深圳证券交易所	9.3
上海证券交易所	7.0	上海证券交易所	7.0
日本证券交易所集团	4.0	日本证券交易所集团	3.3
芝加哥期权交易所欧洲市场	2.8	芝加哥期权交易所欧洲市场	2.7
韩国证券交易所	1.9	伦敦证券交易所集团	1.6
纽约—泛欧交易所集团欧洲中心	1.4	韩国证券交易所	1.5
香港证券交易所	1.3	香港证券交易所	1.5

数据来源：WFE。

（三）期货期权市场

据美国期货业协会（Futures Industry Association，FIA）统计，2023 年全球在交易所交易的期货和期权产品共成交 1 372.92 亿手，较 2022 年增加 534.45 亿手，年增幅为 63.7%。其中，期货成交量下降 0.7% 至 291.0 亿手，期权成交量增长 98.4% 至 1 082.0 亿手。期货同比转降，期权的增速高于上年同期的 63.7%。

分地区看，亚太地区成交增长 104.4%，达 1 034.76 亿手，居地区成交排名榜首位，成交量占全球的 75.4%，占比较 2022 年提升

15 个百分点。其中，中国成交 85.01 亿手，印度成交 911.67 亿手，中印占据亚太地区 96.3% 和全球 72.6% 的份额。拉美地区成交增长 0.2%，为 86.37 亿手。其中，巴西成交 83.14 亿手，占拉美地区 96.3% 的份额，占全球 6.1% 的份额。2023 年，新兴市场的印度、南非和中国分别以 128.1%、27.5% 和 25.6% 的增速成为全球期货和期权成交创历史新纪录的直接推动力。北美地区成交增长 6.2% 至 178.52 亿手，占全球成交量的 13.0%，占比较 2022 年下降了 7 个百分点。欧洲地区成交上涨 2.6% 至 49.30 亿手，占全球成交量的 3.6%，较 2022 年下降了 2.1 个百分点。其他

地区下降 19.5% 至 23.97 亿手，占全球成交量的 1.7%，占比较 2022 年下降了 1.9 个百分点。

分交易所看，2023 年，郑州商品交易所全球排名第 7 位，成交量较上年增长 47.4%；大连商品交易所全球排名第 9 位，成交量较

上年增长 10.2%；上海期货交易所全球排名第 10 位，成交量较上年增长 14.6%；中国金融期货交易所全球排名第 25 位；广州期货交易所全球排名第 29 位（见表 5-5）。

表 5-5　2023 年全球衍生品交易所成交量排名

单位：亿手、%

排名	交易所	成交量	同比变动
1	印度国家证券交易所	848.17	122.5
2	巴西交易所（B3）	83.15	0.0
3	芝加哥商品交易所集团	60.99	4.3
4	孟买证券交易所	58.73	265.0
5	芝加哥期权交易所	37.08	6.7
6	洲际交易所	36.56	6.4
7	郑州商品交易所	35.33	47.4
8	纳斯达克	32.04	1.8
9	大连商品交易所	25.08	10.2
10	上海期货交易所	22.27	14.6
11	伊斯坦布尔证券交易所	20.86	−23.5
12	韩国交易所	20.38	−1.0
13	欧洲期货交易所	19.15	−2.1
14	迈阿密国际控股	15.90	22.1
15	莫斯科交易所	13.04	2.8
16	多伦多证券交易所集团	8.65	13.7
17	香港交易所	4.80	5.6
18	印度多元商品交易所	4.44	103.3
19	日本交易所集团	3.94	0.5
20	台湾期货交易所	3.24	−15.6
25	中国金融期货交易所	1.68	10.9
29	广州期货交易所	0.64	33329.6

资料来源：FIA。

三、全球金融中心指数比较

近年来，中国金融开放力度持续加大，上海金融业稳定发展。根据伦敦 Z/Yen 集团

公布的第 35 期"全球金融中心指数"（Global Financial Centres Index，GFCI），上海排名国际金融中心城市第 6 位（见表 5-6）。从 GFCI 问卷调查评分来看，上海金融业发展水

平较高，其中，银行业排名第 3 位、投资管理排名第 6 位、保险排名第 15 位、专业服务

排名第 12 位、政府监管排名第 8 位。

表 5-6　近年来部分国际金融中心城市综合排名

| 城市 | 35 期 | 34 期 | 33 期 | 32 期 | 31 期 | 30 期 | 29 期 | 28 期 |
	名次	名次	名次	名次	名次	名次	名次	名次
纽约	1	1	1	1	1	1	1	1
伦敦	2	2	2	2	2	2	2	2
新加坡	3	3	3	3	6	4	5	6
香港	4	4	4	4	3	3	4	5
旧金山	5	5	5	5	7	5	12	8
上海	6	7	7	6	4	6	3	3
日内瓦	7	10	23	20	25	20	20	14
洛杉矶	8	6	6	7	5	7	13	11

数据来源：各期 GFCI 排名。

各分项指标排名中，纽约和伦敦分列第 1 位、第 2 位。上海营商环境排名第 5 位、人力资本排名第 11 位、基础设施排名第 14 位、

金融业发展水平排名第 9 位、声誉及综合排名第 6 位（见表 5-7）。

表 5-7　部分金融中心城市竞争力分项指标排名

城市	营商环境	人力资本	基础设施	金融业发展水平	声誉及综合
纽约	1	1	1	1	1
伦敦	3	2	2	3	2
新加坡	2	4	3	2	3
香港	6	6	6	8	7
旧金山	10	9	9	4	5
洛杉矶	11	5	12	5	8
上海	5	11	14	9	6
日内瓦	9	10	15	10	>15

资料来源：The Global Financial Centres Index 35。

四、上海与主要国际金融中心的比较分析

根据上海交通大学上海高级金融学院智库的《上海国际金融中心建设评估报告》，上海国际金融中心建设取得令人满意的成绩，但从金融服务体系的层次与效率以及国际化程度来看，上海与纽约、伦敦等金融城市还有一定差距。

（一）评估框架

评估框架分为两个部分：一是金融服务体系，二是金融发展环境和条件。其中，金融服务体系又分为金融市场、金融中介与服务机构两个方面，评估维度包括规模和层次、功能效率、国际化。金融发展环境和条件包括四个维度：金融制度、金融人才、营商环境和城市生态。整个评估框架包含107个二级指标，表5-8列举出部分指标。

表 5-8　评估体系

	一级指标	部分二级指标
1. 金融服务体系		
金融市场	规模和层次	股票市场总市值、国债或政府公共债存量、公司债存量、资产支持证券存量、商品期货交易量、股指期货交易量、股票期权交易量、外汇市场交易额、场外利率衍生品交易量
	功能效率	各规模指标/GDP、股市波动率、股市中专业机构投资者占比、M&A交易金额
	国际化	国际直接投资资产/GDP、国际直接投资负债/GDP、国际证券投资资产/GDP、国际证券投资负债/GDP
金融中介与服务机构	规模和层次	银行总资产、证券公司总资产、公募基金资产规模、PE/VC资产规模、保险机构总资产、评级机构数、律师/律所数量、会计师/会计师事务所数量
	功能效率	银行不良贷款率、银行利润/从业人员、证券公司利润/从业人员、保险深度/密度、每千人律师数
	国际化	商业银行跨国借贷规模（资产）/GDP、商业银行跨国借贷规模（负债）/GDP、外资银行资产占比
2. 金融发展环境和条件	金融制度	全球机会指数排名、政府监管负担指数排名、Chinn-Ito index：KAOPEN、政府政策稳定指数/排名、破产监管框架指数/排名
	金融人才	金融从业人员占总从业人员比例、CFA持证人占金融从业人员比例
	营商环境	营商便利性排名、新开企业所需时间排名、新开企业所需成本排名、GFCI-营商环境排名
	城市生态	网络社会城市指数排名、信息技术使用率排名、生活成本指数

（二）国际比较：上海、纽约、伦敦、东京、新加坡

1. 金融服务体系

本部分从规模和层次、功能效率、国际化三个维度，对上海、纽约、伦敦、东京和新加坡五个主要国际金融中心的金融市场、金融中介与服务机构进行比较。结果显示，上海在各维度都有一定提升空间。

（1）金融市场[①]：效率与国际化程度有待进一步提高

从金融市场规模看，我国GDP约为美国的64.6%，但我国股市市值仅为美国的22.4%。2023年末，美国股市（含纽约—泛欧交易所集团美国中心和纳斯达克）总市值为48.97万亿美元，中国股市（含上海证券交易所、深圳证券交易所和北京证券交易所）总市值为10.95万亿美元。加之上海只占我国股市的一部分（2023年，上海证券交易所的市值为6.52万亿美元，深圳证券交易所的市

---

① 囿于数据的可得性，金融市场的比较多为国家层面的数据比较。纽约、伦敦、东京的份额在其本国占据主导地位，如果某一项指标中国严重落后于其他国家，由此可以推断出上海与其他金融中心城市也有较大差距。

值为 4.37 万亿美元，北京证券交易所的市值为 0.06 万亿美元），而美国股市集中在纽约，上海和纽约的差距进一步凸显。其他板块如证券化资产、金融衍生品和 VC/PE 等的差距更为明显。

表 5-9 显示了美国、英国、日本、新加坡和中国主要金融市场规模与 GDP 的比例。这一指标可衡量直接融资在国民经济中的相对比重和效用。总体来看，我国的直接融资比重相对较低，作为企业长期融资工具的公司债近几年发展迅速，但整体水平仍有一定提升空间。相关的信用评级、违约处置和破产清算等专业服务稍显滞后，制约了该市场的发展。资产证券化市场增长较快，尤其是由上海证券交易所主导的企业资产证券化，但与美国差距十分明显。

表 5-9 主要金融市场规模占 GDP 比例

单位：%

经济体	股票市场	债券市场	公司债	资产支持证券
中国	61.69	124.92	25.46	2.71
美国	179.01	193.20	27.32	59.13*
英国	129.63	135.76	11.35	7.24
日本	146.31	262.76	5.13	4.60
新加坡	119.17	109.31	38.91	—

数据来源：上海交通大学上海高级金融学院智库，WFE，BIS。

注：*为 2022 年数据，其余为 2023 年数据。

作为现代金融市场的重要组成部分，金融衍生品市场在主要国际金融中心均占据重要地位，为企业和金融机构提供风险管控的有效工具，也为市场增加价格发现的渠道。表 5-10 显示，我国商品期货交易量居全球首位，但金融衍生品交易规模和品种有限。以股指期货为例，美国和日本分居前两位，与各自股市规模相匹配。美国股市市值为 48.97 万亿美元，股指期货交易量为 14.27 亿张，两者的比例为 3.43∶1；日本股市市值为 6.15 万亿美元，股指期货交易量为 3.32 亿张，两者的比例为 1.85∶1。我国股市总市值为 10.95 万亿美元，超过日本，股指期货交易量却不足其 1/4。

表 5-10 各国衍生品市场比较

经济体	商品期货交易量/百万张	股指期货交易量/百万张	外汇市场交易额*/日均，十亿美元	场外利率衍生品交易量*/日均，十亿美元
中国	7 270.80	69.28	153	13
美国	967.36	1 426.85	1 912	1 689
英国	653.35	30.53	3 755	2 626
日本	17.13	332.37	433	51
新加坡	43.07	154.68	929	156

数据来源：上海交通大学上海高级金融学院智库，WFE，BIS。

注：*为 2022 年数据，其余为 2023 年数据。

从金融市场的层次看，我国资本市场的深度和渗透力有待进一步提高，一级市场和场外金融衍生品市场仍有一定的发展空间。以一级市场为例，2023 年，中国在基金业协会登记的私募股权和创业投资基金（PE/VC）的总资产规模为 14.33 万亿元，领先于英国、日本和新加坡，但与美国仍有较大差距（见表 5-11）。以场外金融衍生品市场为例，

利率掉期合约作为管理利率风险的重要工具，已成为全球最大的场外衍生品交易种类，总名义规模超过 300 万亿元。而我国场外利率衍生品交易量远低于美国和英国（见表 5-10）。此外，我国外汇市场交易量也低于美国、英国、日本和新加坡（见表 5-10）。相对于我国的经济体量，这些市场还有很大的发展空间，其缺位会削弱金融服务实体经济的功能。

表 5-11　各国 PE/VC 市场比较

	中国	美国	英国*	日本	新加坡
PE/VC 总资产 / 万亿元	14.33	55.39	2.10	0.33	3.53

数据来源：上海交通大学上海高级金融学院智库整理。

注：* 为 2022 年数据，其余为 2023 年数据。

从金融市场的功能效率看，各市场普遍存在一定形式的壁垒和制约，提高了交易成本。加上缺乏足够的高质量机构参与者，难以形成高效的市场机制，很大程度上阻碍了金融市场在流动性供给、价格发现和风险管

理方面功能的发挥。以股票市场为例，本应作为经济发展"晴雨表"的 A 股市场，其收益轨迹并未反映出中国经济高速发展的特征，或给投资者带来应有的回报（见表 5-12）。

表 5-12　各国股票市场回报率

单位：%

指标	上证指数	美国道琼斯指数	英国富时 100 指数	日经 225 指数	富时新加坡海峡指数
2011—2023 年累计回报率	35.3	208.5	38.8	295.8	22.4
2016—2023 年累计回报率	-4.1	90.7	8.3	75.1	12.5

数据来源：Wind。

从金融市场的国际化程度看，由于资本账户未完全可兑换，我国居民资产配置的全

球化程度较低，海外投资者在中国的投资占比也很低（见表 5-13）。

表 5-13　2023 年各国金融市场国际化程度比较

单位：%

指标	中国	美国	英国	日本	新加坡
国际直接投资资产 /GDP	16.52	38.77	76.02	51.90	351.00
国际直接投资负债 /GDP	19.97	54.12	103.04	8.52	515.53
国际证券投资资产 /GDP	6.17	56.04	122.80	104.13	357.76
国际证券投资负债 /GDP	9.56	104.59	130.34	85.27	99.72

数据来源：上海交通大学上海高级金融学院智库整理。

（2）金融中介与服务机构：银行整体水平较高，其他机构发展和开放度不足

从规模来看，上海银行业资产规模超过新加坡，与纽约接近，落后于东京和伦敦；证券公司营业收入高于东京，大幅低于纽约；保费收入与其他金融中心相比差距较大。就金融服务机构而言，上海律师行业从业人员数量和纽约、伦敦仍有一定差距，有待进一步提高（见表5-14）。

表5-14　各金融中心城市金融中介与服务机构规模比较

单位：万亿元、万人

指标	上海	纽约	伦敦	东京	新加坡
银行总资产	24.9	25.9	27.7	27.4	18.0
证券公司营业收入	0.13	1.31	n.a.	0.09	n.a.
保费收入	0.24	0.97	0.46	0.60	0.31
律师数	4.1	8.3	7.0	—	0.7

数据来源：上海交通大学上海高级金融学院智库整理。

注：纽约、伦敦、东京的保费收入根据其全国保险深度和城市 GDP 推算得出，存在一定程度的低估。

从金融中介的功能和效率看，上海的银行类机构表现较好，无论是贷款质量还是人均利润均处于领先地位。证券公司表现次之，人均利润低于纽约，但高于东京。保险公司较为落后，保险深度不及其他金融中心城市（见表5-15）。

表5-15　各金融中心城市金融中介与服务机构功能比较

指标	上海	纽约	伦敦	东京	新加坡
银行不良贷款率 /%	0.95	0.97	0.97	1.2	1.72
银行人均利润 / 万元 / 人	135.9	265.4	95.3*	61.9	—
证券公司人均利润 / 万元 / 人	36.2	94.1	—	22.7	—
保险深度 /%	5.2	11.9	9.7	8.9	9.2

数据来源：上海交通大学上海高级金融学院智库整理。

注：* 为 2022 年数据，其余为 2023 年数据。

从国际化程度看，上海银行业开放程度要高于保险业和证券业。但即便是银行业，其国际化程度仍有一定提升空间。以外资银行资产占比为例，上海的比例不足 10%，大幅低于纽约（约 70%）和伦敦（超过 50%）。

2. 金融发展环境和条件

与其他金融中心城市相比，人民币国际化与资本账户可兑换程度制约了上海金融中心的国际影响力和辐射力。数据显示，在衡量资本（金融）账户的开放（可兑换）程度的 Chinn-Ito 指数上，中国要落后于发达国家。中国该指数的得分小于 1，而美国、英国、日本和新加坡均为 1（见表5-16）。

建立国际金融中心极为关键的一个因素是金融人才，尤其是高端人才的聚集。纽约、伦敦、东京和新加坡金融从业人员占比高于上海。且从金融人才的质量指标来看（如持有 CFA 证书的人员占比），上海也低于纽约、

伦敦和新加坡，仅高于东京（见表5-16）。

总体而言，上海在国际金融中心建设相关的环境和条件方面取得了一定成绩，但金融制度仍有待完善。金融人才方面，低于纽约、伦敦和新加坡，与东京较为接近。营商环境排名低于纽约、新加坡和伦敦，但高于东京。

城市生态的部分指标领先于其他金融中心，说明上海在金融中心的外部环境建设中取得了一定成绩。同处亚洲的新加坡在金融中心的环境和条件方面尤为领先，给上海提供了重要的对照标杆。

表5-16 各金融中心城市金融发展环境和条件部分指标比较

指标	上海	纽约	伦敦	东京	新加坡
金融制度					
Chinn-Ito index: KAOPEN	<1	1	1	1	1
政府效率	73.6	87.7	84.4	96.7	100.0
监管质量	38.7	90.6	92.9	92.5	100.0
法制规则	52.8	88.7	89.2	92.5	98.1
金融人才					
金融从业人员占总从业人员比例	4.3%*	10.7%	6.6%	4.0%	5.7%
CFA持证人占金融从业人员比例	0.8%	2.8%	2.8%	0.5%	2.7%
营商环境					
GFCI35- 营商环境排名	5	1	3	>15	2
城市生态					
Mercer- 生活成本指数排名	23	7	8	49	2
IMD- 智慧城市指数排名	19	34	8	86	5

数据来源：上海交通大学上海高级金融学院智库整理。

注：*为2022年数据，其余为2023年数据。政府效率、监管质量、法制规则为国家层面数据，数据表示0~100的百分比排名，分数越高排名越好。

专栏13 美国建设金融人才队伍的主要做法及对我国的启示

一、美国金融人才队伍情况

一是金融人才占比高。根据美国劳工统计局（BLS）的数据，2023年，美国金融业从业人数达到1 102万人，占全部就业人数的6.8%。纽约是金融业从业人员最为集中的城市，人数高达50.2万人，占全部就业人数的10.7%。

二是从业人员学历以本科为主。根据Zippia的分行业调研，美国金融业从业人员学历以本科为主（77%），其次是硕士（10%~20%）和两年制大学（6%~8%）。1980年之后，伴随监管的放松，美国金融业从业人员学历与其他私人部门的差异显著扩大，金融业的学历水平更高。

三是大部分从业人员集中在中青年。美国金融业从业人员的年龄中位数是44.4岁，其中，绝大部分的从业人员集中在35~44岁，人数为264.1万人，占比高达24%。

四是从业人员主要分布在信贷机构和保险领域。分领域看,若不考虑房地产(29.7%),美国金融业从业人员主要分布在信贷机构(银行和储贷机构,20.6%)和保险领域(26.3%),证券类从业人员占比较小(13.1%)。

五是国际金融人才占比落后于其他行业[1]。美国金融业国际从业人数达 154.2 万人,占金融业从业总人数的 13.9%,无论是绝对数还是占比在全行业中均较为落后。例如,教育和健康服务领域的国际从业人数为516.4 万人,占比为 14.3%;建筑领域的国际从业人数为 332.5 万人,占比为 29.2%;制造业的国际从业人数为 291.7 万人,占比为 19.1%。

二、人才培养和引进的主要做法

(一)本土金融人才的招聘和培养

一是招聘渠道和范围更加广泛。美国金融机构的招聘依赖整个金融人才网。金融职位的招聘通常偏好具有特定专业资格的候选人,如注册会计师(CPA)、特许金融分析师(CFA)、金融风险管理师(FRM)等。推荐和内部推荐在招聘过程中发挥着重要作用。美国金融机构越来越多地利用 Linkedin 等专业社交媒体平台发布职位和筛选候选人。远程办公使更多无国界招聘成为可能,金融机构可享受更为广泛的世界人才库。除传统的金融领域人才外,金融机构开始招聘 STEM(科学、技术、工程和数学)学科的毕业生。招聘对年龄无特殊要求。1967 年颁布的《就业年龄歧视法》旨在保护 40 岁及以上的申请人和雇员在雇用、晋升、解雇、补偿等方面免受基于年龄的歧视。

二是多渠道开展人才培训。首先,在校学位培养是金融人才培养的主要途径。其次,员工在职培训和发展得到越来越多金融机构的重视。根据人才发展协会(Association for Talent Development)的白皮书,2019年被调研的金融机构对每位员工的培训直接支出为 1 097 美元,员工平均年正式学习小时数为 31.5 小时。2022 年,员工培训支出和正式学习小时数分别增加到 1 139 美元和41.2 小时。最后,监管部门积极向机构提供与合规有关的培训。

三是用高薪匹配宽松监管下的高技能要求。Statista 的数据显示,2022 年美国金融业的平均薪资为 13.5 万美元,在全行业中处于领先水平,仅低于信息行业(15.6 万美元)、公司和企业管理行业(14.8 万美元),是低薪资水平行业的 3 倍以上,如食品行业(4万美元)、农林渔猎行业(4.1 万美元)。美国金融业的薪资结构包括基本工资、奖金、股票期权以及其他福利(健康保险、退休计划等)。薪酬制度在国际金融危机之前鼓励过度冒险。国际金融危机后新法规和准则改变了薪酬发放方式,主要表现为提高基薪,主要奖金延迟至未来年份发放且与绩效挂钩。高薪和高技能是相匹配的,但两者都受到金融监管的影响。金融业的强监管可能会造成人才向其他领域转移。

四是灵活的考核机制。金融机构建立了多维度的考核机制,考核内容多样化。考核评估客观公平,考核指标分为量化和非量化两类,量化指标可由独立的第三方机构完成,非量化指标由内部评估人完成,人力部门计算的数据和计算过程受到第三方机构监督。考核流程透明度高,员工会明确知道他们的

---

[1] https://usafacts.org/articles/which-industries-employ-the-most-immigrant-workers/.

业绩目标和评价标准。考核频率不一，美国金融机构通常会定期进行员工绩效评估，如季度或年度评估，以确保目标的及时调整和对员工绩效的持续监控。考核更关注长期表现。与投资回报相关的考核指标多基于 5 年时间的表现，与基金作为长期投资者的使命相吻合。投资回报之外的其他考核指标基于当年表现。

（二）吸引国际金融人才

一是通过不同的签证吸引不同级别的国际金融人才赴美工作。美国并没有对国际金融人才进行统一的定义，但是不同级别的人才可以通过不同的签证获得在美国工作的机会。由于远程办公的兴起，美国金融机构可以在无需签证的条件下获得更多的国际人才。

二是国际金融人才可享有和本地人才类似的税收、教育和医疗保障。美国通常没有专门针对国际金融人才的税收优惠政策。所有在美国工作和居住的个人，包括国际金融人才，都需要按照联邦和州的税法规定缴纳税款。国际金融人才及其家属在美国享有与本地居民相同的公共教育资源。在美国，医疗保障主要是通过私人医疗保险来提供的。国际金融人才通常需要通过雇主提供的医疗保险计划或自行购买私人医疗保险来获得医疗服务。

（三）培养和选拔跨领域金融人才

跨领域金融人才的培养由市场需求推动。例如，可持续金融人才看重 ESG 分析和报告方面的专业知识、可持续投资和投资组合管理能力、一系列软技能（包括与投资者、监管部门、非政府组织、企业客户等各种利益相关者密切合作的能力，以及向不同受众有效传达复杂的 ESG 问题的能力）。专业机构会根据行业发展情况，定期发布金融行业的劳动力发展、技能差距以及新兴趋势的报告，为人才培养指明方向。相应地，学校和专业组织会开发相关课程、认证和培训项目。政府部门提供场地和资金支持，推动教育改革，加大对跨领域人才培养的支持力度。

（四）促进金融人才跨部门交流和流动

自由流动是美国金融人才跨部门交流和流动的主要特点。美国并没有对金融人才的跨部门流动作任何限制。例如，耶伦在进入美联储之前是加州大学伯克利分校的教授，伯南克在进入美联储之前是普林斯顿大学的教授，很多高校的教授同时拥有企业或是企业顾问。金融人才的跨部门交流也很普遍。例如，金融机构与大学和研究机构有着密切的合作关系，共同开展研究项目、案例研究和发表学术论文。美国政府在制定金融政策时，会邀请来自不同部门的专家参与顾问委员会，这些专家可能来自学术界、私营部门或其他国家的政策制定机构。这种做法促进了不同领域间的知识和经验交流。美国金融人才也会积极参与国际合作。如监管部门参与国际货币基金组织（IMF）、世界银行、金融稳定委员会（FSB）等相关国际准则的制定，金融机构会派遣员工到海外分支机构工作，或接纳来自其他国家的金融专业人士。

三、对我国金融人才培养和引进的启示

一是扩大金融人才库。打造金融人才线上线下社群，发挥专业推荐、专业资格证等专业手段在招聘中的作用，鼓励金融机构扩大招聘范围，弱化应聘者年龄限制，加大对跨专业人才的招聘，探索通过远程办公的方式招聘国际人才。

二是在金融人才培养上形成多方资源互补。政府部门牵头，联合企业、学校、智库等编制人才数据库，基于市场发展预估金融人才的需求趋势，估算各领域的人才需求。学校和培训机构进行有针对性的课程设置和培训，企业提供用于实际操作的平台，监管部门提供相应的合规辅导。政府部门对特定领域（如绿色、金融科技等）的金融人才培养提供场地和资金支持。

三是完善薪酬制度。制定与工作技能相匹配的薪酬制度。通过提高基薪，主要奖金延迟至未来年份发放且与绩效挂钩的方式降低金融从业人员的风险偏好。

四是完善考核机制。鼓励金融机构建立多方位的具有较强透明度的考核机制，在追求业绩的同时，增加对团队合作、遵守法规和伦理标准等定性因素的考量，考核机制应注重长期表现。

五是加强对海外人才的引进。根据不同的学历、工作经验和资金标准，探索多样化的签证模式，吸引多层次的海外人才。支持国际金融机构和组织落户，通过机构带动国际人才聚集。为国际人才提供教育和医疗保障。

六是推动金融人才跨部门交流和流动。原则上对金融人才的跨部门交流和流动不设限，鼓励监管部门参与国际交流，在国际政策制定上发挥更大作用。